中國美術學院漢字文化研究所叢書

烏程漢簡萃編

中國美術學院漢字文化研究所 編
曹錦炎 石連坤 周同祥 鮑强 主編

上海書畫出版社

圖書在版編目（CIP）數據

烏程漢簡萃編 / 曹錦炎等主編；中國美術學院漢字文化研究所編．-- 上海：上海書畫出版社，2024.4
ISBN 978-7-5479-3351-0

Ⅰ．①烏… Ⅱ．①曹… ②中… Ⅲ．①簡（考古）-研究-湖州-漢代 Ⅳ．①K877.54

中國國家版本館 CIP 數據核字 (2024) 第 082836 號

烏程漢簡萃編

中國美術學院漢字文化研究所　編
曹錦炎　石連坤　周同祥　鮑强　主編

責任編輯　李柯霖
編　　輯　魏書寬
審　　讀　雍　琦
裝幀設計　瀚青文化
技術編輯　包賽明

出版發行　上海世紀出版集團
上海書畫出版社
地　　址　上海市閔行區號景路159弄A座4樓
郵政編碼　201101
網　　址　www.shshuhua.com
E-mail　shuhua@shshuhua.com
製　　版　杭州立飛圖文製作有限公司
印　　刷　浙江海虹彩色印務有限公司
經　　銷　各地新華書店
開　　本　710×889　1/8
印　　張　15
版　　次　2024年6月第1版　2024年6月第1次印刷

書　　號　ISBN　978-7-5479-3351-0
定　　價　玖拾捌圓

前言

曹錦炎　石連坤

二〇〇九年三月下旬，浙江省湖州市在舊城改造的施工過程中，於市區人民路一處基建工地出土一批有字木簡，以木牘爲主，但大都殘損。從出土地點位置看，此處基建工地原屬湖州府署的子城範圍，歷史上一直是府署所在地，顯然這批木簡與漢代的官方日常事務有關。木簡發現後流失民間，值得慶幸的是，經有識之士搶救徵集，先後被北京翰典藝術館收藏，計有三百餘枚，這批漢簡的大部分纔得以保存，現由湖州博物館收藏。收入本书的木簡是在二〇二二年出版的《烏程漢簡》一書基礎上，遴選書法較有代表性者匯編而成（增補同地出土的木簡兩枚）。

湖州，春秋時本爲吴地，楚滅越後爲楚所有。秦代稱『烏程』，屬會稽郡，漢因之，後因地濱太湖而得今名。烏程治所原在下菰城（今湖州城南二十五里雲巢鄉窑頭村），舊傳春申君黄歇於楚考烈王十五年（前二四八）始建菰城縣，秦改名『烏程』，見《太平寰宇記》卷九十四『湖州烏程縣』條：『本漢舊縣，《越絶外傳》云：秦始皇至會稽，徙越之人於烏程……《郡國志》云：春申君立菰城縣，秦改爲烏程。』但《安昌里館璽存》書中收有一方戰國楚璽『鄔（烏）呈之鉩』，可證『烏程』本作『烏呈』，其地名先秦時早已存在，并非秦代所改，漢以後則寫作『烏程』。東漢永建四年（一二九）分原會稽郡的浙江（錢塘江）以西部分設吴郡，烏程改屬吴郡。晋移置，宋以後因之，明清時與歸安合并爲浙江湖州府治，民國時期廢并爲吴興縣。烏程治所遷於今湖州城區，大概是在西漢時期。

湖州發現的這批木簡，主要爲兩漢時烏程縣署遺留的實物，内容豐富，以往來公文事務及公私信牘爲主。往來公文簡中，出現的地名以會稽、烏程爲主。據《漢書·地理志》記載，會稽爲郡，領縣二十六，簡文中涉及的縣名烏程、由拳、海鹽、餘暨、餘杭、陽羨，皆其屬縣；另外有故鄣，屬丹陽郡；海陵，屬臨淮郡。

簡文紀年較早的有『八年』『十六年』『十七年』，其呈現的書法特徵，與二十世紀七十年代出土的雲夢秦簡、馬王堆帛書，特别是二〇二一年《文物》第六期新公布的益陽兔子山遺址七號井出土的漢簡（木牘）等秦末漢初隸書風格尤爲相似。漢初在位時間超過十七年的衹有文帝，因此本批木簡的最早年代當可以由此確定。此外，木簡中所記年號，較早的是西漢宣帝劉詢『元康』（元年爲公元前六五年），以及元帝劉奭『永光』（元年爲公元前四三年），成帝劉驁『陽朔』（元年爲公元前二四年）、『元延』（元年爲公元前一二年）、『綏和』（元年爲公元前八年），哀帝劉欣『建平』（元年爲公元前六年）；東漢明帝劉莊『永平』（元年爲公元五八年），和帝劉肇『永元』（元年爲公元八九年），安帝劉祜『永初』（元年爲公元一〇七年）、『永寧』（元年爲公元一二〇年），『延光』（元年爲公元一二二年），從簡文的紀年及地名等内容分析，這批簡的主體年代大致在東漢永建四年（一二九）烏程改屬吴郡之前。另有簡云：『以部行□掾馬㟜叩頭死罪敢言之。……亭長□□□責府于兒蘭所換吴庫錢，有令來言遺。』『吴庫』云云當指吴郡之庫，則已在烏程改屬吴郡之後。結合書法風格分析，部分簡的年代下限有可能晚至東漢末期。

烏程漢簡有下行、平行、上行的官方文書，收付憑證、封檢、封楬、出入帳等，內容涉及當時的政治、經濟、文化及軍事等領域，作爲出土文獻，可印證或補充史籍記載的不足。公私信牘，是烏程漢簡中的大宗，內容主要涉及當時一般階層的生活，保留着極爲豐富的兩漢社會史料。

烏程漢簡中保留的古書內容較少，但也有重要者，如『孝經簡』正面簡文爲：『［仲］尼居。［子］曰愛。［在上］不。非先王。資於［事］曾子曰。子曰［昔］。曾子［曰］。』反面簡文爲：『［喪］親，哭不哀，禮無容，言☒☒十八章。』正面文字抄録的是章題，皆以章首三字爲題；背面文字殘存的是第十二章內容，最後之『十八章』記本篇總章數。從簡文不難看出，內容屬於《孝經》。另有『淮南子簡』云：『有全其行者也，堯、舜、禹、湯，世主之至隆者也；齊桓、晋文，五霸之豪英也。然□□□以□□不慈之義，舜有卑父謗，湯武有弑之事，［五霸］有暴亂之謀，是……』文字內容見《淮南子·汜論訓》，所抄文字有個别异文，以及漏、重抄之處。《淮南子》是漢初黄老學派著作，由淮南王劉安招致賓客，在其主持下編著。十八章《孝經》成書年代在漢成帝時，而《淮南子》成書年代，史無明載，但從《史記》《漢書》有關記載及高誘《淮南子叙》看，當在景、武之間。由兩書的成書年代，可作此兩枚簡文抄寫時間的上限判斷。

木簡中還有少量的字書（如《蒼頡篇》《急就篇》）、算表、日書、方術等內容。至於習字簡，數量也不少，甚至還有塗鴉之作，書吏大多是利用廢簡，隨意爲之。此外還有遣册兩枚，分别是『延光四年十月十三日，王客人所齎持薄（簿）』和『王義任所齋（齎）持汁（什）物薄（簿）』，保存較好，內容爲詳細記載隨葬物品的清單，是研究兩漢喪葬制度和名物的極佳第一手資料。朱書道教木牘較爲少見，是東漢時期道教在江南地區繁榮發展的一個縮影，據傳皆出於湖州近郊，故一并收入本書。

烏程漢簡全部爲木製，形式多樣。除牘、札、『兩行』、牒、版以外，還有觚，以及符券、封檢、楬等。其中封檢上設有凹槽，用以填裝封泥；有的還在一端或兩端設有雙孔、三孔或四孔，用以封緘時穿繩縛繫。有些楬上或設孔、或作契口，用以穿繩繫物。雖然因這批木簡殘斷較甚，無法整理出各類簡的原本尺寸，但對我們瞭解兩漢時期的簡牘形態仍提供了難得的實物資料。

烏程漢簡的年代跨度较大，大致在西漢初期至東漢晚期之間，前後近四百年。其書法多姿多彩，書體以隸、草爲主，部分還帶有漢初秦隸意味和少量篆書。虽然其書手不一且大都書寫潦草，但仍不乏精品之作。通過整理，烏程漢簡的書法大致可以分爲以下幾類。

『古隸』又稱『秦隸』，是戰國後期開始出現的源於篆書草化的書寫，這種字體一直延續到西漢初，是篆書向隸書的過渡階段。衛恒《四體書勢》言：『隸書者，篆之捷也。』古隸既保留着篆書的結體特徵，又發展出了方折、波挑等隸書的筆法，是研究『隸變』的主要材料，對文字學和書法史都具有重要意義。烏程漢簡中的古隸書風和雲夢睡虎地秦簡、里耶秦簡及漢初銀雀山漢簡有着較爲接近的書寫特徵。若再進行細化的分類，可分爲三種風格類型。

第一類，筆畫圓勁，字體修長。此類簡牘用筆多藏鋒，結字有明顯篆書意味，體勢縱長，較多地延續了前代書寫習慣。因烏程漢簡中的書手衆多，在同一類型的風格中還具有不同特點。如『［會］稽守府以格行簡』爲政府官方文书，書寫較爲認真，點畫勁爽挺拔。亦有書寫較爲率意者，起用筆或圓或方，姿態各異。第二類，流動多姿，欹側取勢。古隸在歷史發展進程中以取勢平穩爲主，也同時出現了向右上或向右下傾斜的風格，其中以向右下者居多。通過睡虎地秦簡、里耶秦簡、銀雀山漢簡、肩水金關漢簡以及烏程漢簡中以『陸小子簡』『里户人大夫簡』爲代表的簡牘來看，古隸取斜勢的寫法從戰國末延續到了西漢初期，無論在時間上還是在地域空間上皆具有相對普遍性，或者説已成爲了一種風格。第三類，提按靈動，簡捷明快。古隸以較爲短促的筆法進行書寫，是對簡便快捷的進一步追求，明確的提按和頓挫，是逐漸跳出篆書中鋒引筆的過程。如『拜請君丞簡』背面的書寫整體粗細對比明顯，『金』『食』等筆畫俯仰有致，變化自如。『傳令人歸簡』前二字篆意尚濃，而『人』字已是隸書字形，『歸』字用筆迅速，方折明確。此類風格篆書字形雖有保留，然隸書的用筆節奏逐漸取代篆書筆法，是考察『隸變』的重要一環。

烏程漢簡的古隸從不同角度反映了西漢初期的『隸變』現象，有的篆書筆意濃厚，有的隸書化明顯，有的已現出草寫意味，從字形和風格上爲我們研究秦漢文字與書寫，提供了重要的參考材料。古隸是隸書的早期形態，至武帝後期時隸書已基本形成了較爲成熟的面貌。《漢書·藝文志》載：『是時（秦）始造隸書矣，起於官獄多事，苟趨省易。施之於徒隸也。』《説文解字·叙》云：『秦燒經書，滌蕩舊典，大發吏卒，興役戍，官獄職務繁，初爲隸書，以趨約易』。衛恒《四體書勢》亦有云：『秦既用篆，奏事繁多，篆字難成，即令隸人佐書，曰隸字。』以今日所見大量簡牘材料來看，隸書的産生因事務繁多，而書寫欲趨簡易是相對符合史實的。烏程漢簡中的隸書主要有以下幾種面貌。

第一類，端雅工整，淳厚平和。這類風格以『會稽太守府簡』『烏程以亭行簡』『君五月奉錢四千簡』等爲代表，用筆點畫輕重有致，波磔分明，結體横向舒展，取寬扁之勢，是兩漢『正體隸書』的代表。這種風格在日常書寫中被一直沿續，并在東漢後期的碑刻中被廣泛運用，成爲後世書家取法的典範。第二類，清健瘦勁，遒逸疏朗。明代中晚期以來，品評漢碑書風以沉厚爲上，隨着近年來大量兩漢簡牘出土，大大擴寬了我們對隸書的認知。細勁靈動的風格是漢隸重要的一個分支。『烏程屬會稽郡簡』用筆虛靈，氣息連貫，撇畫多呈上仰之勢。『上言變事簡』筆畫清健，其中『乘』『莽』兩字撇捺較重，棱角分明，更見峻拔之姿。『兄望詣廷』簡除了捺筆之外幾乎全用筆尖書寫，整體空靈疏朗。第三類，茂密渾樸、緊湊内斂。漢代簡牘在書寫時爲了閲讀的舒適感，通常會將上下字留有一定間距，但有時爲了書寫更多内容也會將字距壓縮，是常用的書寫形式。『會稽大京丞簡』『樓船簡』等便是字字貼近，繁密緊實，這種書寫習慣亦常見於其他地域出土的漢簡。烏程漢簡中其他風格的隸書亦偶有出現，因較爲零散，不再贅述。

趙壹《非草書》云：『蓋秦之末，刑峻網密，官書煩冗，戰攻并作，軍書交馳，羽檄紛飛，故爲隸草，趨急速耳。』認爲隸書草寫濫觴於秦末。許慎有言：『漢興有草書。』但從出土的秦漢文字材料看，秦漢之際書寫較爲草率的字體中，有些文字或偏旁構型雖與後世的草書相同或相似，但總的來説仍是隸書範疇。目前能看到較早的草書是居延漢簡中宣帝時的一些簡牘，有些字形已非常成熟，但仍會夾雜非草書字形，可視爲草書的初始階段。西漢後期的簡牘中草書逐漸增多，筆勢更爲貫通。至東漢，草書書寫已成風氣，草法也漸趨純熟，同時有了杜操、崔瑗、張芝、張昶等工於草書的名家，説明草書在東漢中晚期取得了長足發展。

烏程漢簡的草書多集中在信牘之中，也有個别公文和記事的簡牘用草書書寫，一簡有一簡之面貌，如『胡君展簡』點畫細勁，隸意尚存，而撇捺已不刻意突出波磔。『問子元簡』整體風格統一，其點狀筆畫較多，長綫弧筆亦婉轉有致，『下』『見』『父』等字的末筆厚重誇張，從而呈現出點、綫、面對比明顯的效果。『爲類將盡簡』字形更趨縱勢，在東牌樓漢簡草書中也可見到類似風格。另有其他草書簡牘或筆意跌宕，或雋秀靈動，不一而足。

烏程漢簡除上述古隸、隸書、草書外，有些簡牘字體并非我們後來所嚴格界定的行書、楷書。可事實上不僅是烏程漢簡，西北地區所出諸多漢簡同樣存在這種後世字體的雛形。烏程漢簡中如『延光四年遺册』『東部税掾樊某簡』等等，或筆斷意連，或牽絲映帶。這類寫法一般存在於信牘、譴册、公文稿本中，完整的抄書簡絶少，此亦反映出書風變化的功用性。

總之，烏程漢簡貫穿兩漢，是目前江南地區出土時間跨度最長、體量最大的一批簡牘，内容豐富，對兩漢時期會稽郡及烏程的地方歷史、地域文化頗有研究價值。其字體全面、風格多樣，對研究漢代書法和字體演變具有十分重要的意義，也爲今天的書法創作提供了很好的參考資料。

十六年四月乙巳朔，恒命。
爲侍請守令。十四年□。【正】
從事，事。爲償。償。言之廷。會☑
敢言之，從爲。丞相。□計。敢。會稽。【反】

烏程。𥫔（會稽）。會稽守。烏程。【A】

十七。十七年十二月。十二月丁酉。賤。昌里。
烏程。
胡夫鄉。十七年。盜。廷廷。陽羨。賤。
賤。烏程。年。烏程。廷。令。【B】

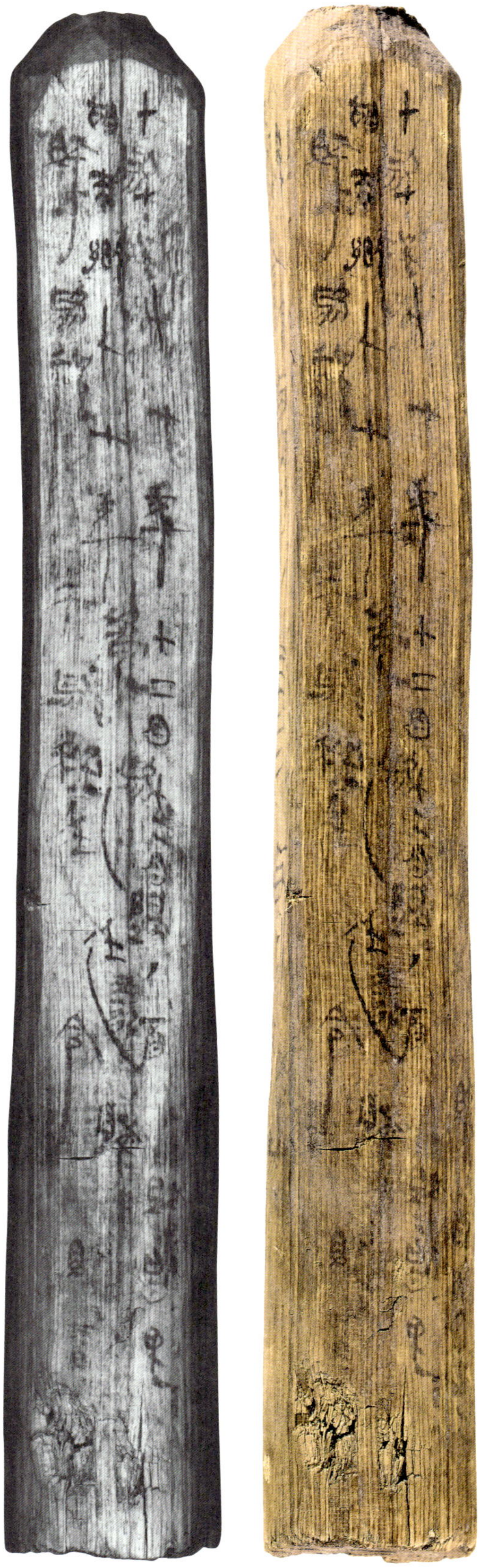

會稽。會稽。稽。陽羨。
賤。令。令。
令。賤。
十
賤。令令令。【C】

守府。府。
烏程。烏程。烏程。
十七年。年。陽。□亥。
癸。

癸亥。十七。□户。十月。年。□□。
賤。賤。烏程□□。【D】

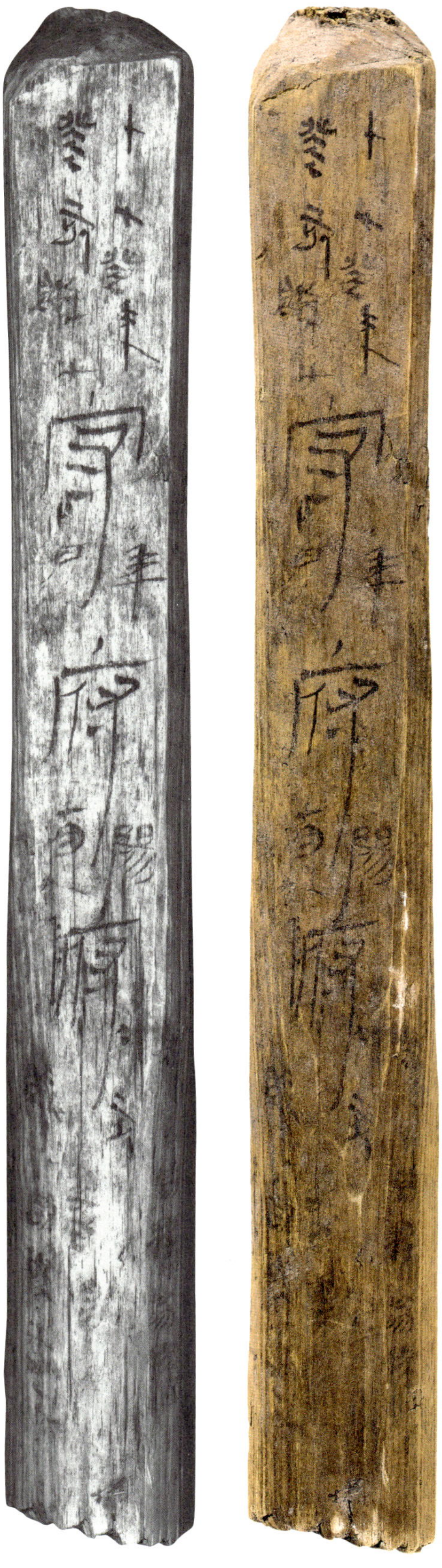

（原大）

（縮小）

陸□□□。　大奴□。　隸大女子楊。　十七年正月。　十七年正月。

陸子小箬褢被。　隸箬褢國晏。　隸箬褢國給。

晏母公孫。

守守守守☑
☑未。守。十七年富☑
守守守守☑【正】
可青。史秉。妾。尉。妾。
書秉。内史令☑
☑金。秉尉。富昌里户人。
☑鋤金布計凡。【反】

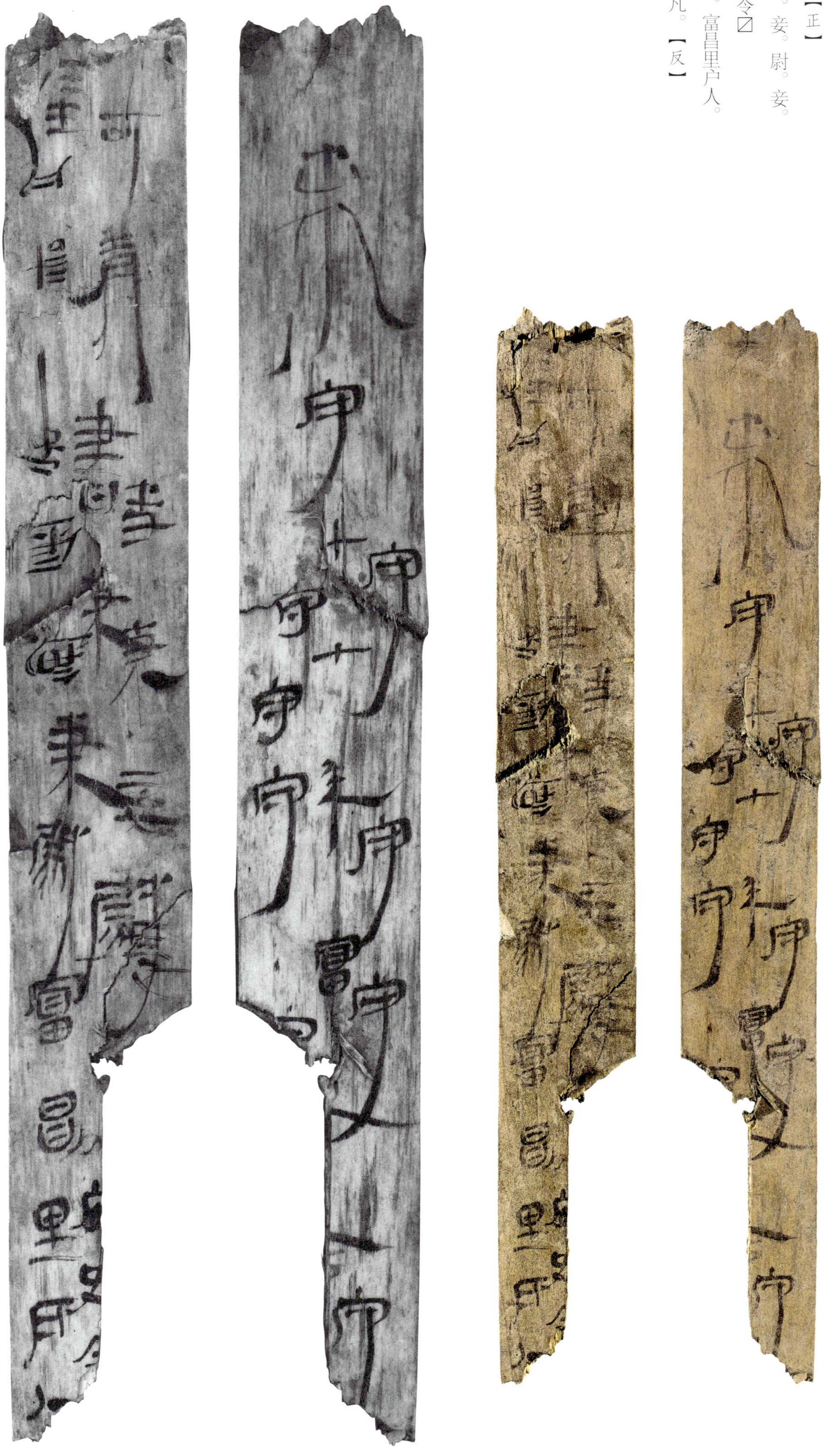

十□年七月庚戌朔，辛⧄
□□用者書言之⧄

□相耳告内史。十七年戊⧄【正】
豎妻速。【反】

鄣尉烏程□【正】

⧄□謁【反】

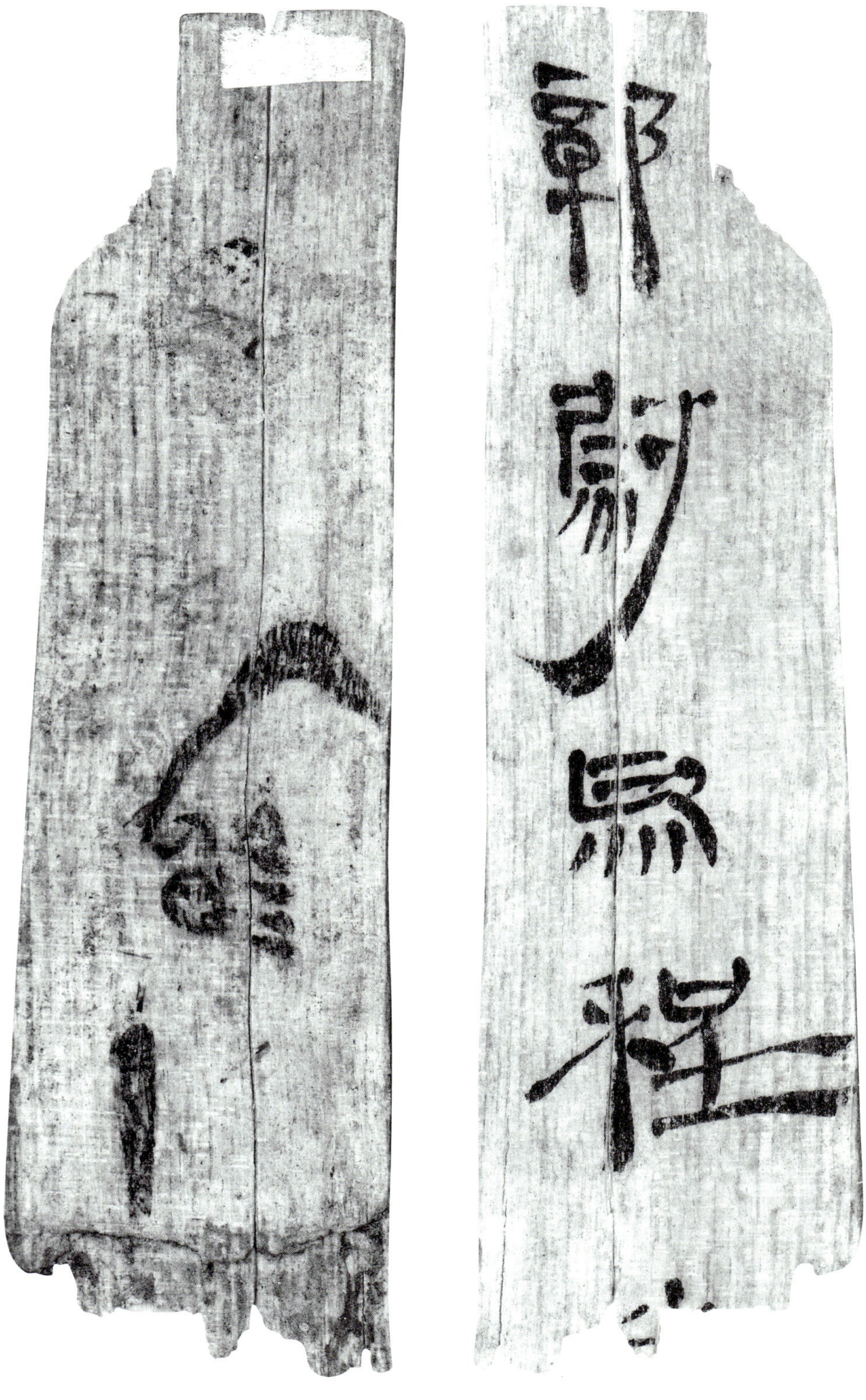

[會]稽守府以格行，書一。

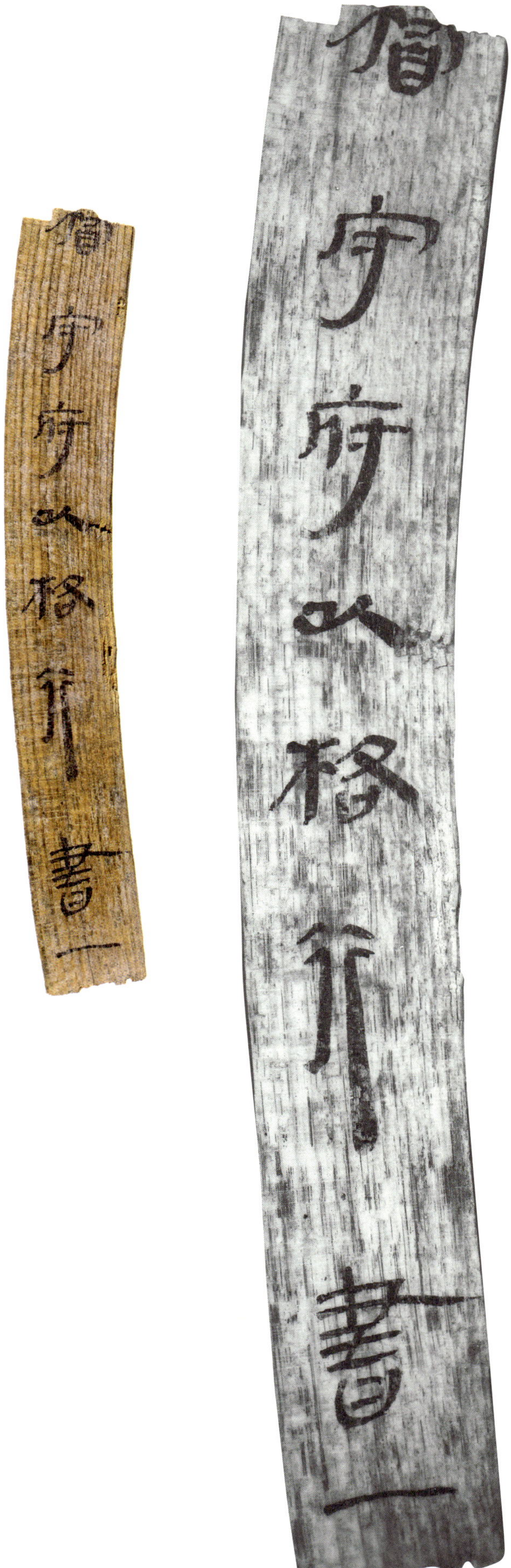

張里户人隱宫姚孳。

……　亥蒼。
小史召。丁巳侍使，乙丑侍使。　亥丁丁乙。
恒……　□三。【正】

□□癸亥。侍侍。
宦蒼。甲子。侍侍侍侍。【反】

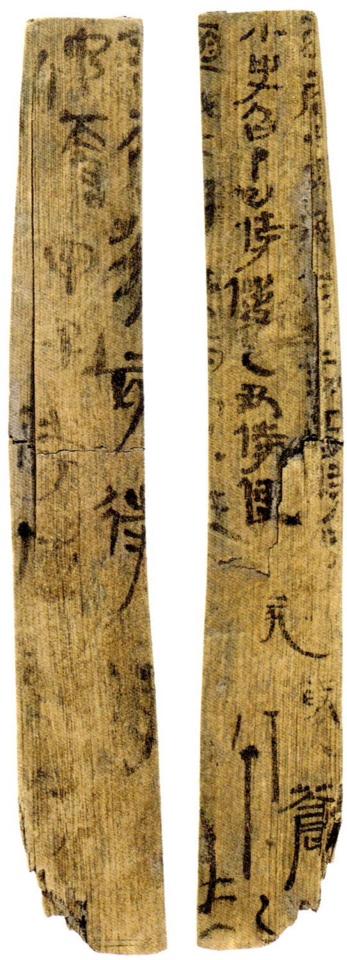

烏程告□□
爲半爲敢又及。
烏半敢以烏□烏。
烏程。爲敢。
爲半爲半。【正】
烏程。敢敢□烏。
烏敢爲。
謂。
□。【反】

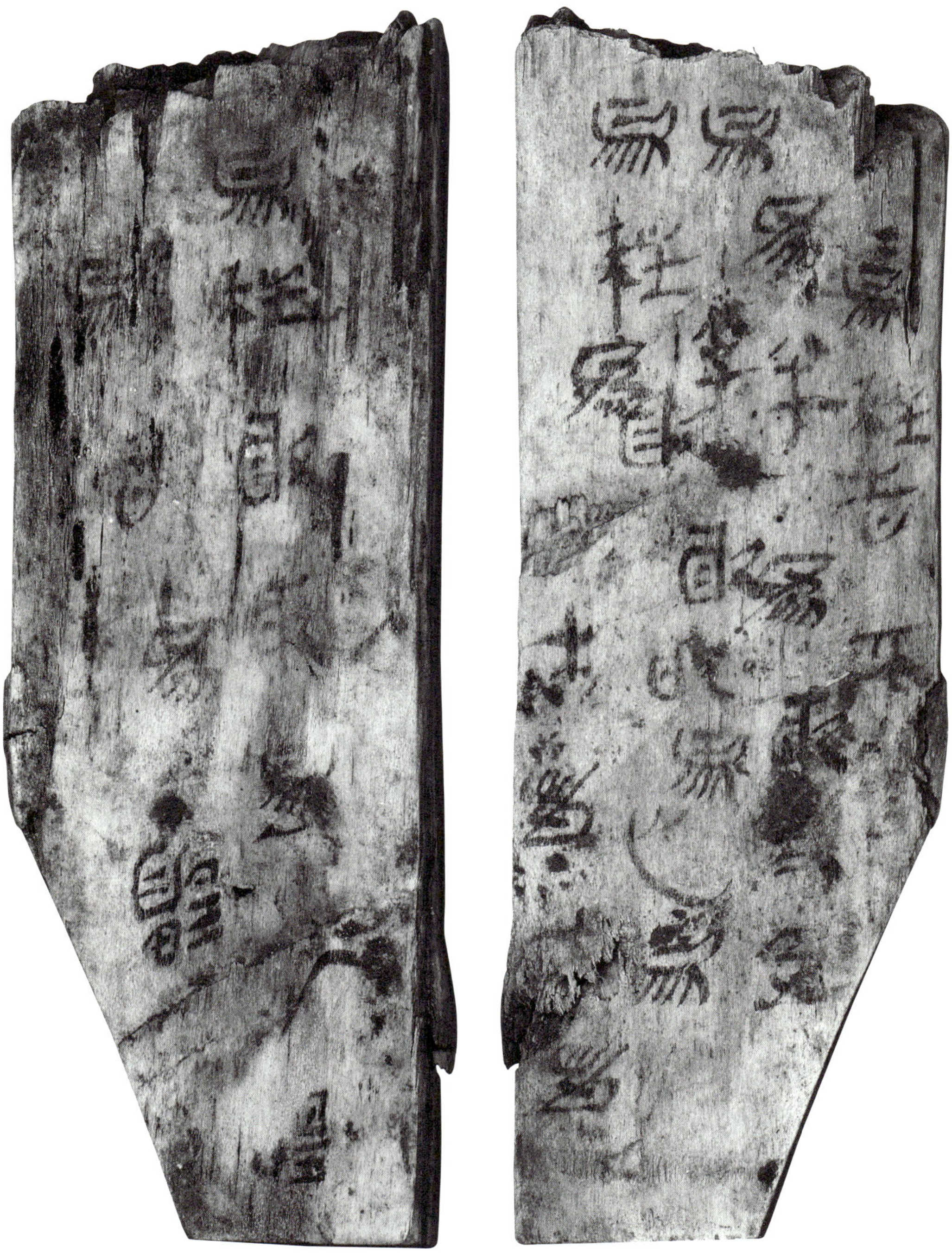

☒里户人夫＝（大夫）。之。

☒廣有之。

傳令人歸☒

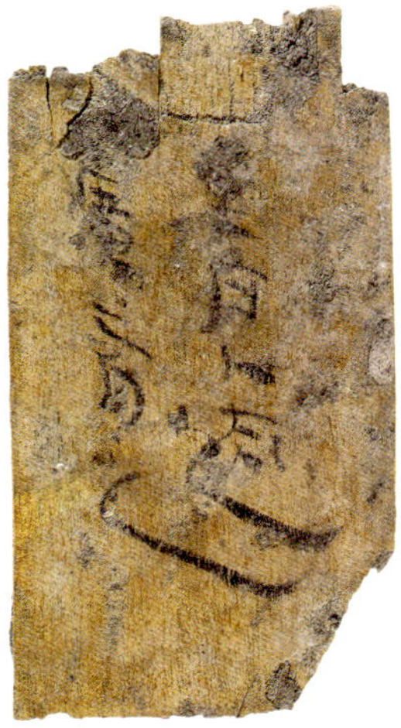

☒拜請君丞。

☒從事。【正】

☒□金鍤□☒

☒龍以募食，以爲不仁。

……【反】

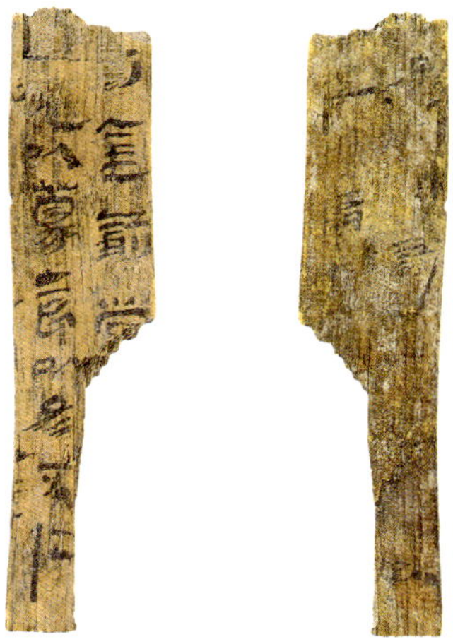

☐可左席長烏程羡里蒴上。

故士五（伍），永光二年襲父後蠻荑（夷）冬可左席長。

元康二年＝（年，年）一。　盡陽朔三年＝（年，年）卌三。

烏程。

元延四年。

□□。

□丞印。

平望鄉，綏和二年。

元延四年。
以夾□池副。

建平元年鐵錢五百五□□。

大尹外部掾掌薄望受
教莆戊曹掾發。

會稽大守府。

餘暨丞印。

烏程以亭行。

二月丁亥卒同以來。

君五月奉錢四千。

君十一月奉錢四千。

烏程屬會稽郡以亭行。烏程屬會稽亭行。郡以郵

⧄年五月丙戌朔乙未，會稽大京丞武敢言之。府書趣市租。【正】

⧄銖兩斤土簿。

□斤爲錢萬兩……足四銖得一兩。

銖錢斤爲千六百足兩。□足銖……三百十四（四，四）分銖二得一斤。【反】

會稽大。

☐稽。會稽都☐

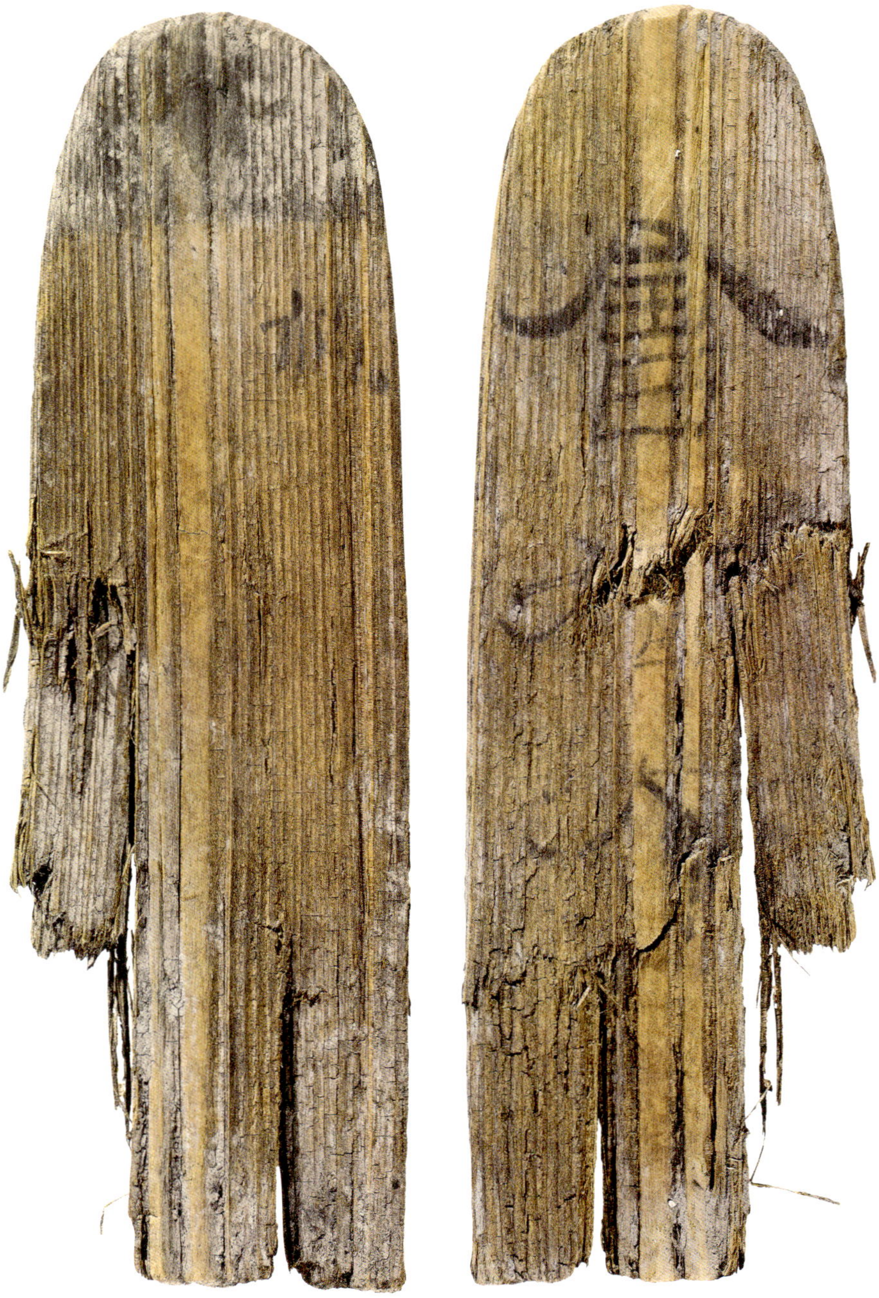

會稽大。【正】

枚。【反】

高平里公乘莊誦，年十五。廼五月戊申疾温（瘟），飲藥，積八日厠。
弟公士譚，年九，廼五月己酉疾温（瘟）。

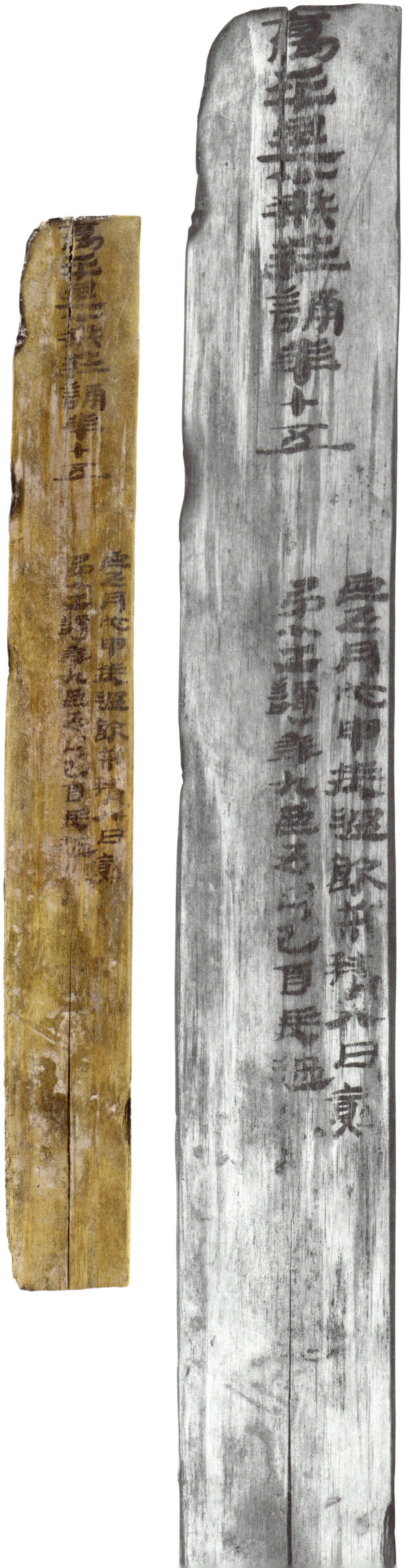

陽羡黃君上書願致家。

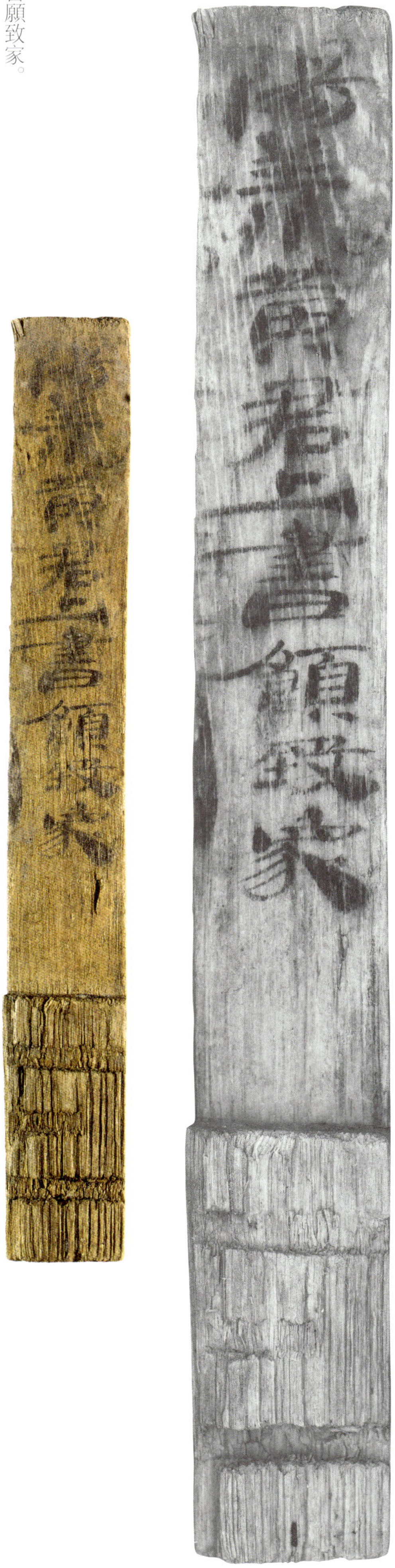

[仲]尼居。　非先王。　曾子曰。
[子]曰愛。　資於[事]。　子曰[昔]。
[在上]不。　　曾子[曰]。【正】
⧄[喪]親，哭不哀，禮無容，言⧄
⧄十八章。【反】

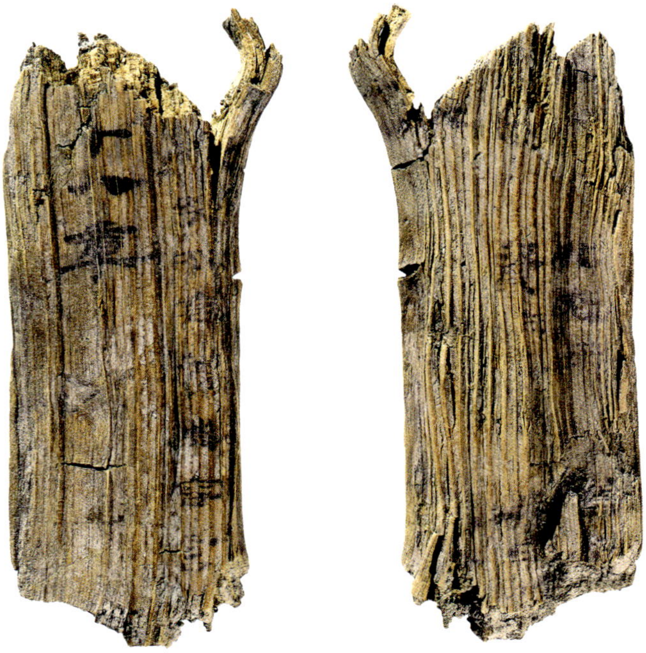

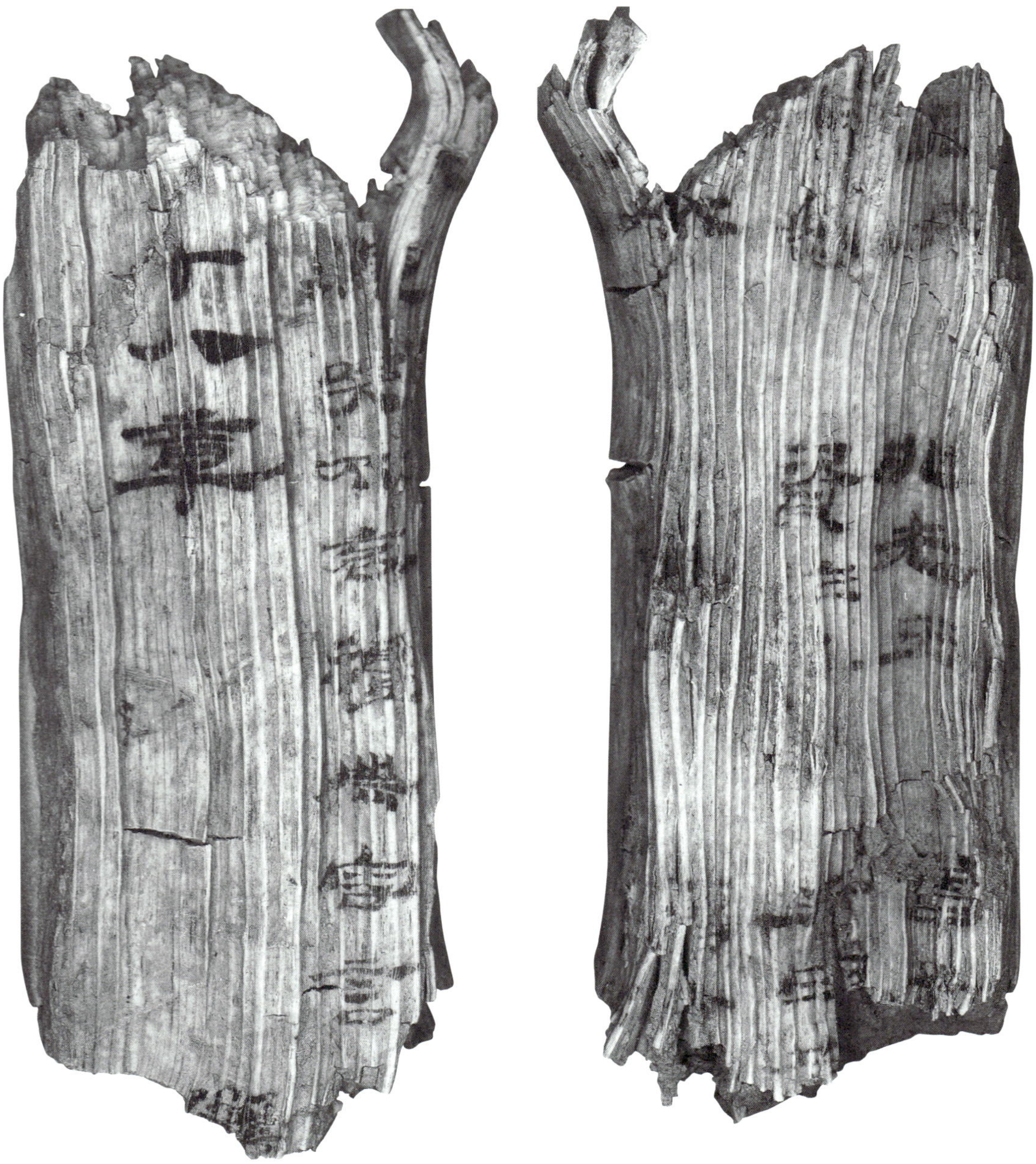

⧄□望里公乘草莽臣昧死再拜，上言變事⧄【正】

⧄……别□□。【反】

平昌里徐遂，年卅。

☐乙酉穀。
☐庚寅穀。
☐史正月乙丑穀。【正】
☐勞諸得金☐【反】

□□千二百……
樓船士員三百卌四人：其五十六人越，二百七十八人楚。

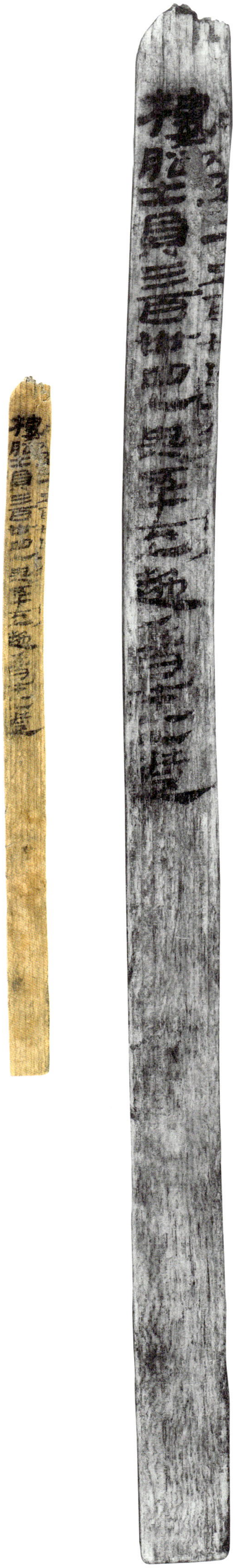

□□槿書叩頭奏。
主薄　周卿。
　　　陳卿。

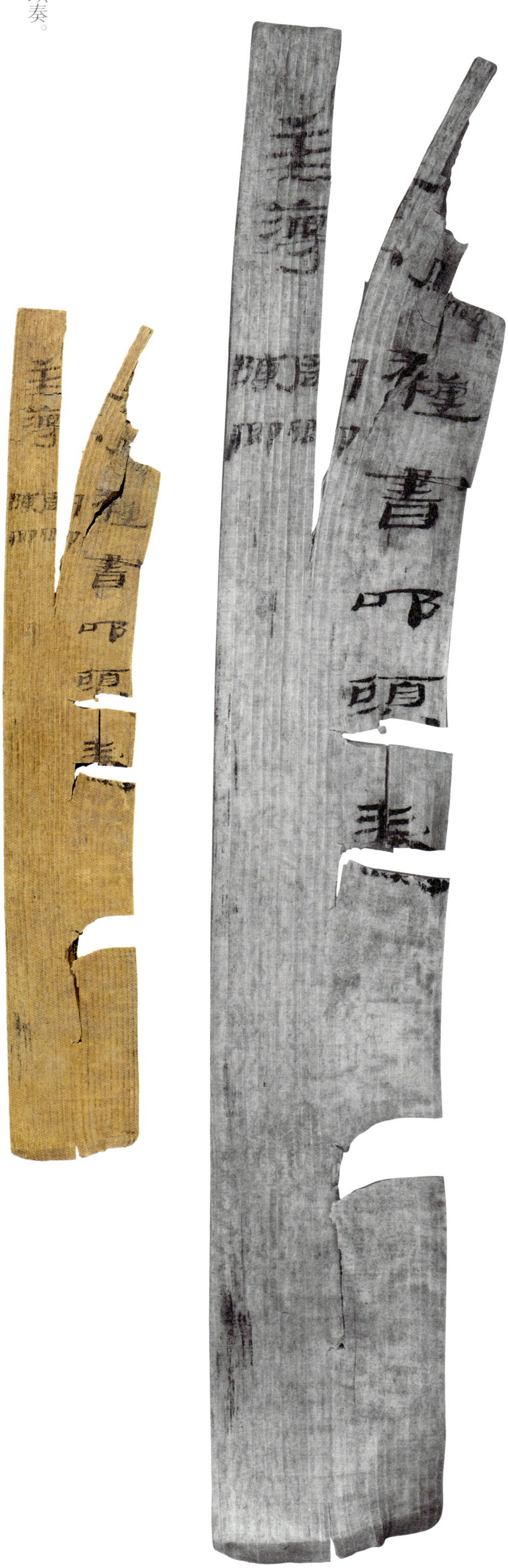

☒……□書言常會四月、十月。十月、四月☒
言曰：史薄録二千石至六百石居官治狀牒常會十月☒
□□史簿録吏民孝弟行名狀常會十月。十月☒
☒□卅六人狀□十月・右都尉□□☒【正】
☒此□□☒
□□□□□【反】

☒□笞二百，棄市。不知何四男子今買陽羡□□☒

平望鄉叚佐楊充再拜。
謁謁。謹慎敬戒，勉力諷〔誦〕。

☐二三日之羽君。

帛通錢五千。

徒山伐錢五千。

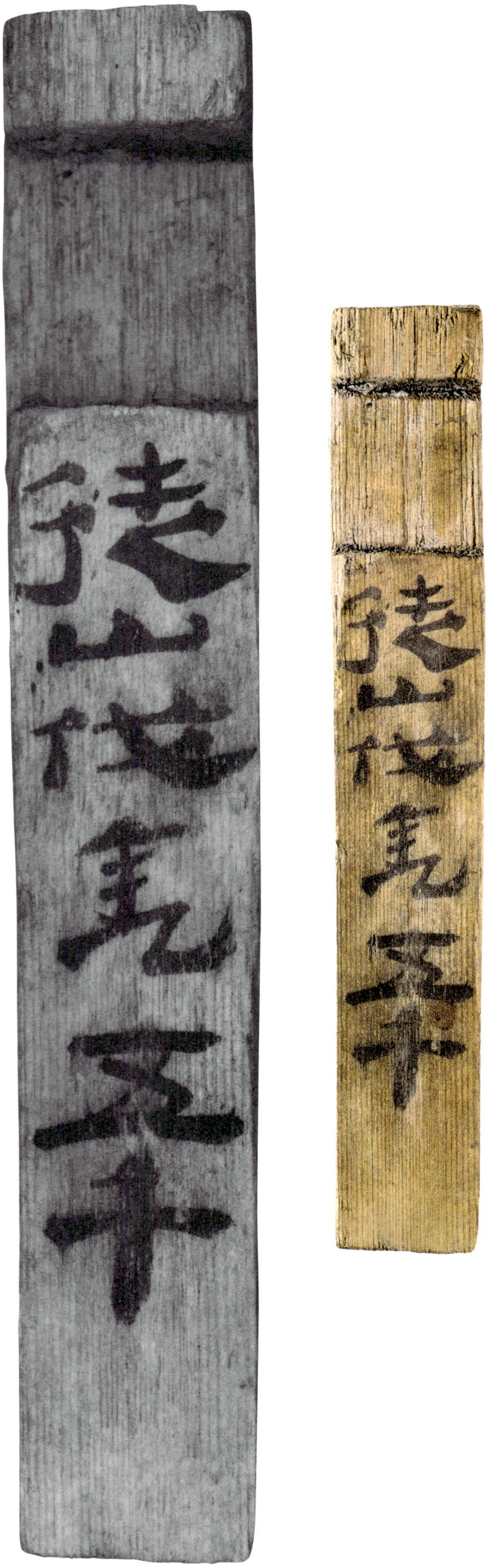

獄獄獄獄。
▨大守府。以以以以。
守府。
以以以府。【正】
▨武武。伏伏。
▨首。武。頭頭頭頭。伏。
頓首。
▨□□□□□兼武分□□□【反】

吏□徑伏地再拜言。 見

子汕君隻足下。頃不相見，善。少〼

足下肯毋輵，幸有兩卿□得□〼。

〼……【正】

□兩卿□德首□□曰，欲〼

既兩卿辰日幸事□□□□〼

□□□□□□ 吾思侯 □□。【反】

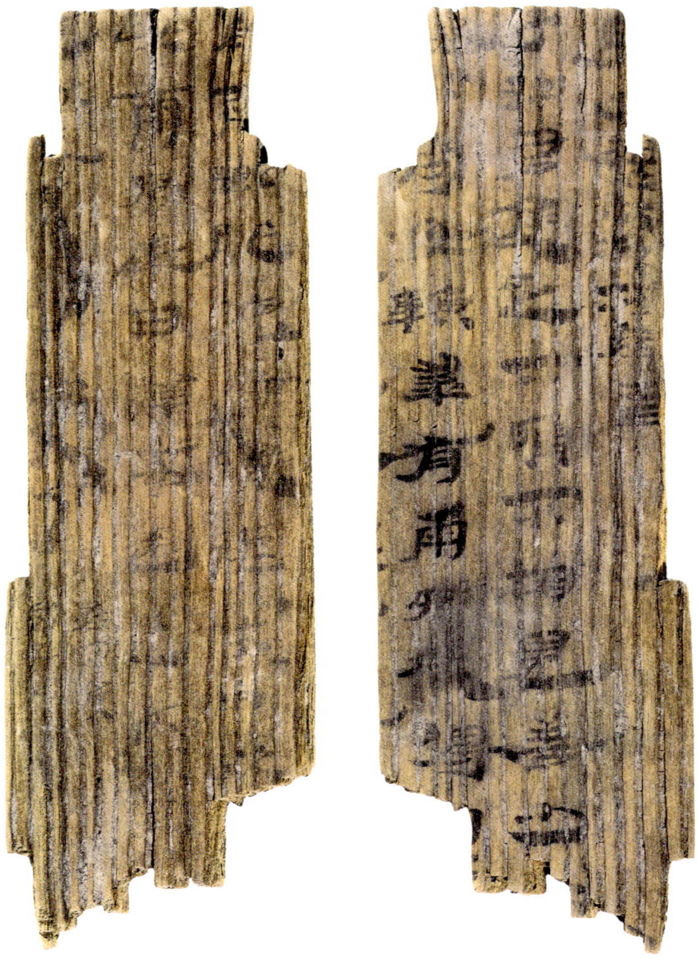

敬戒。勉力諷誦。
出尤別異。
初雖勞苦，卒一必。
勿勿郮（鄙）
子子子疾穆鼓勿勿鼓力醫有助鼓□。
美物物螌炭螌正奮靡穈穀。
柴罪美炭罪鮭翦韭美□美美炙枚枚羌羌整。【正】

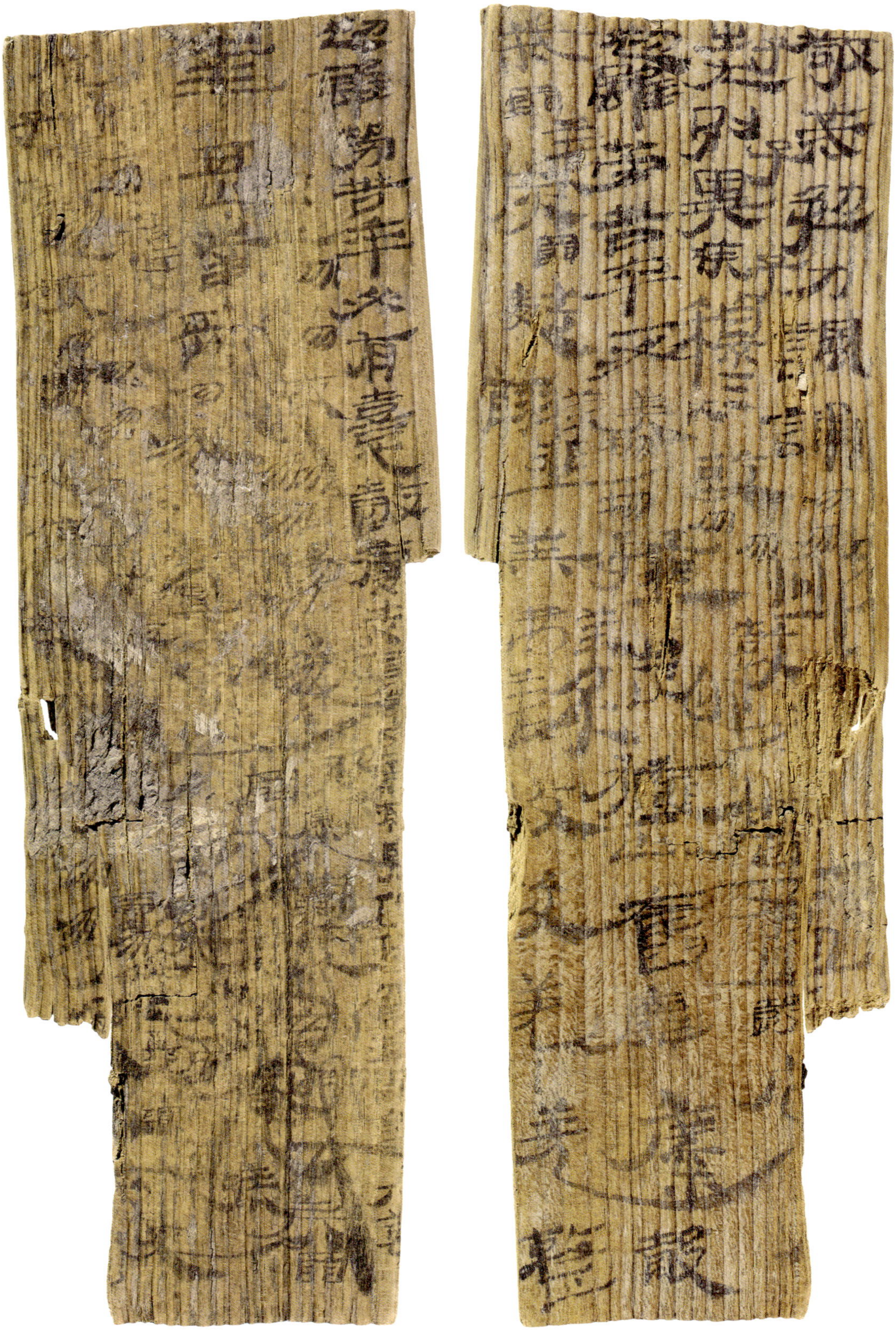

初雖勞苦，卒必有意。愨願忠信，微密□□。□仁（佞）齋疾。□□□□
幸甚對戡。
勿勿敬勿勿勿易……疾罪。
勿勿……罪疾。
慎慎勿勿勿勿……周易。叩頭。……
子慎慎敬勿勿勿。【反】

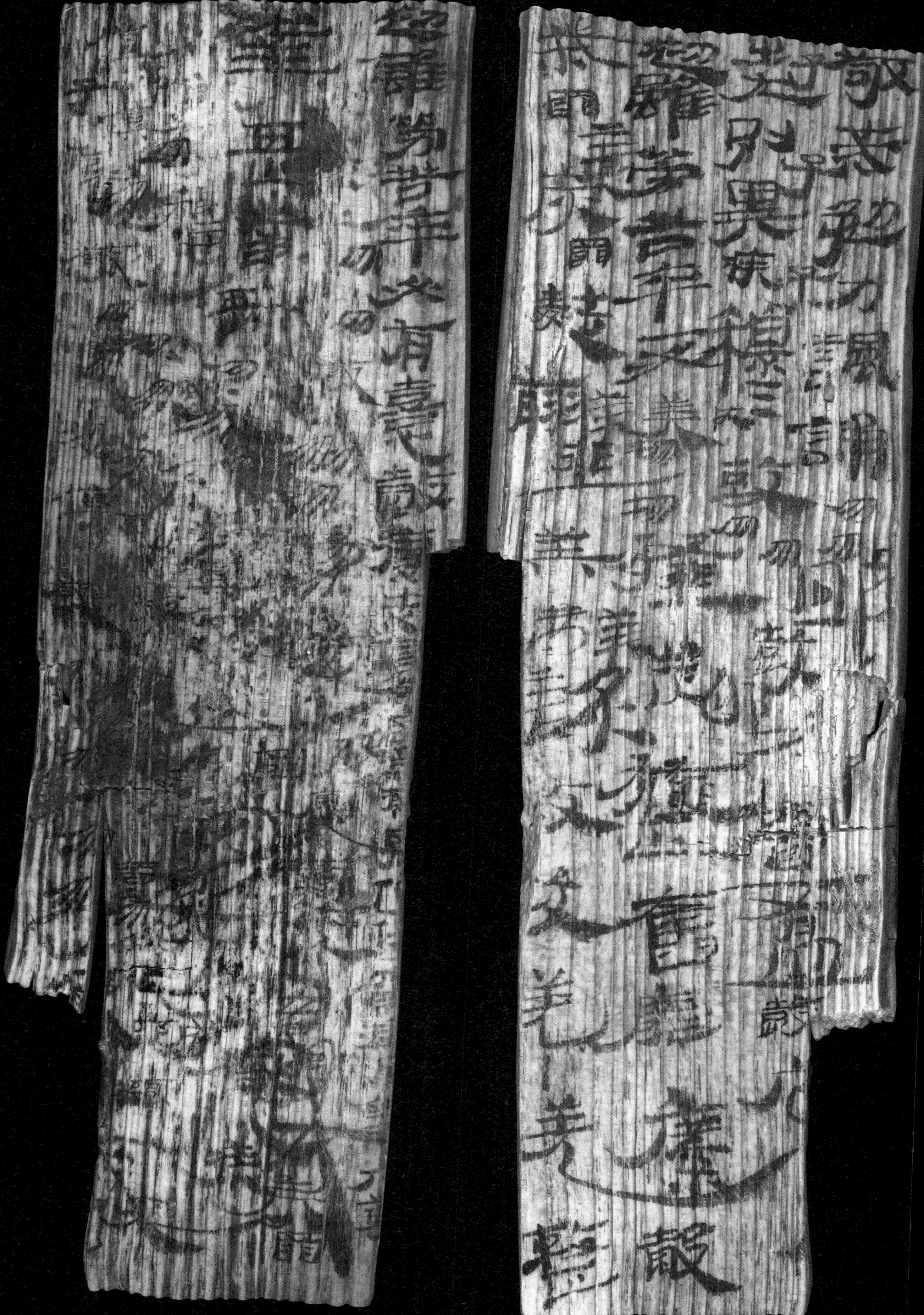

永初三年三月辛卯朔一日，北界□☑

廷：爲賣人封棨，名如牒。

由拳丞震移貴所賣盡破封，如律令。【正】

廷：爲賣人封棨名如牒。

□　遷。

務勉勉。

海陵丞遷移貴所……

……☑【反】

⧄……⧄

⧄容＝（容容）叩＝頭＝（叩頭叩頭）。德宜數□書⧄【正】

⧄……⧄

⧄往□尔□所，徒□德□⧄

⧄□□□伏地再拜。【反】

九月以來守。

⧄☐兄望長父☐皆對⧄
⧄兄望詣廷，敢言之⧄

⧄□□徒，以風問兩卿行。行□⧄【正】

⧄□有等之，以兩卿說用人□⧄【反】

⧄新君欲賣室，有

⧄相見。急＝（急急）。

……受事迫有小□未能便，以是□掾

□□，叩＝頭＝（叩頭叩頭）。願掾自愛厚，請俠公唯言禹，叩＝頭＝（叩頭叩頭）。

☑傳老人，思已駕焉，叩＝頭＝（叩頭叩頭）。謹因道【正】

☑與直免翁親當爲禹兄，願以掾餘

□□之令，得蒙掾厚恩，必急遣之，望命，唯

□□□□毋□言，謹因朱元卿伏地再拜。【反】

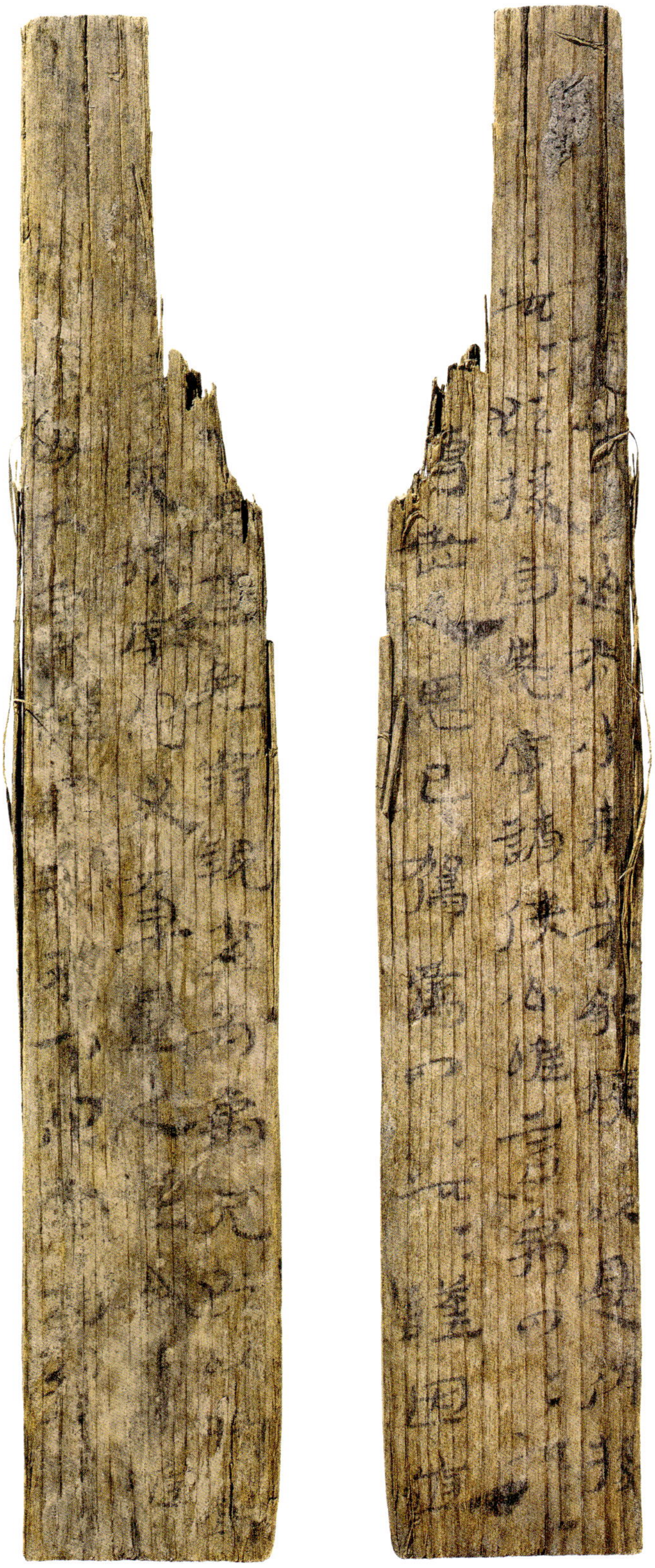

□迹亦小井有能□是□□

之掾自先序請侯心唯言為叩=頭=

焉吉思已爲爲叩=頭=謹因道

□男詹免翁覩書為為先之以□□

□承序思文遣□之令

毋□當□因□下□為□□

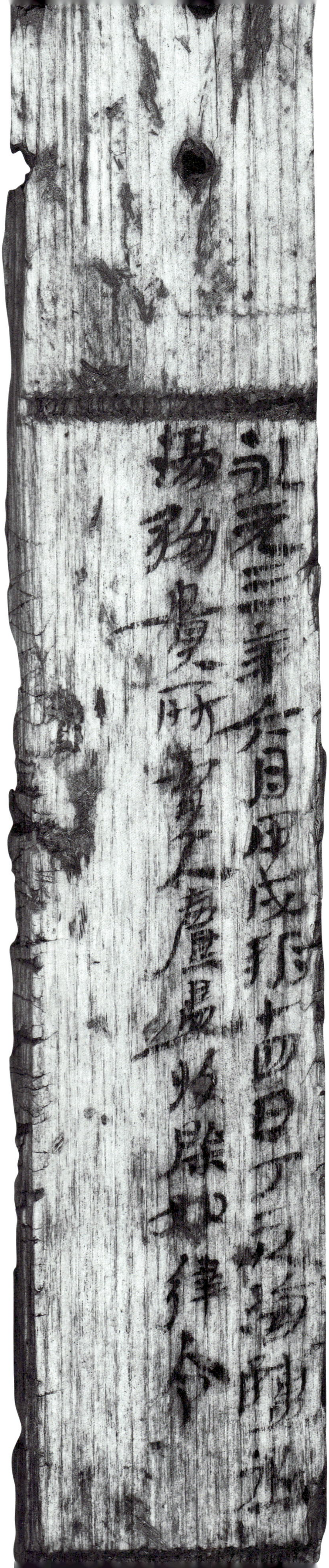

永元三年六月甲戌朔十四日丁亥，海鹽丞
楊移貴所賈人賣盡收棨，如律令。

永平八年四月丙子朔⧄
所民賣鹽盡收桀破封□⧄

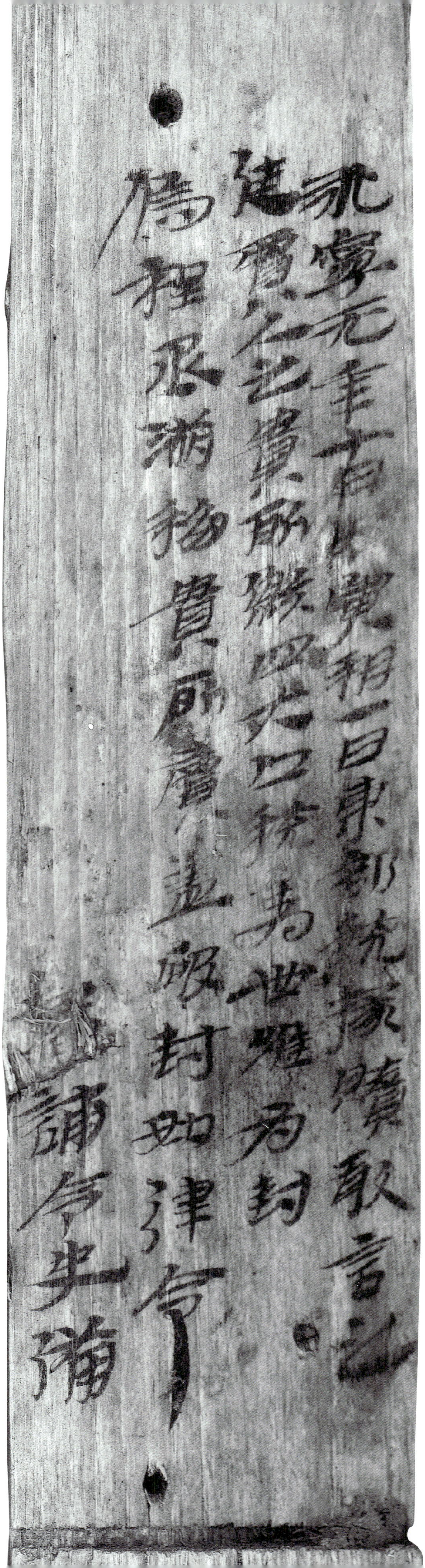

永寧元年十月甲寅朔一日，東部税掾贖敢言之。
廷∶賈人之貴所繳四大口税錢卌，唯爲封。
烏程丞滿移貴所賣盡破封，如律令。
掾誧，令史備。

永元十四年七月庚子朔一日，領西泉稅掾馮敢言之。

☐菓名如牒，敢言之。

☐貴所賣盡破封，如律令。

掾慎，令史宮。

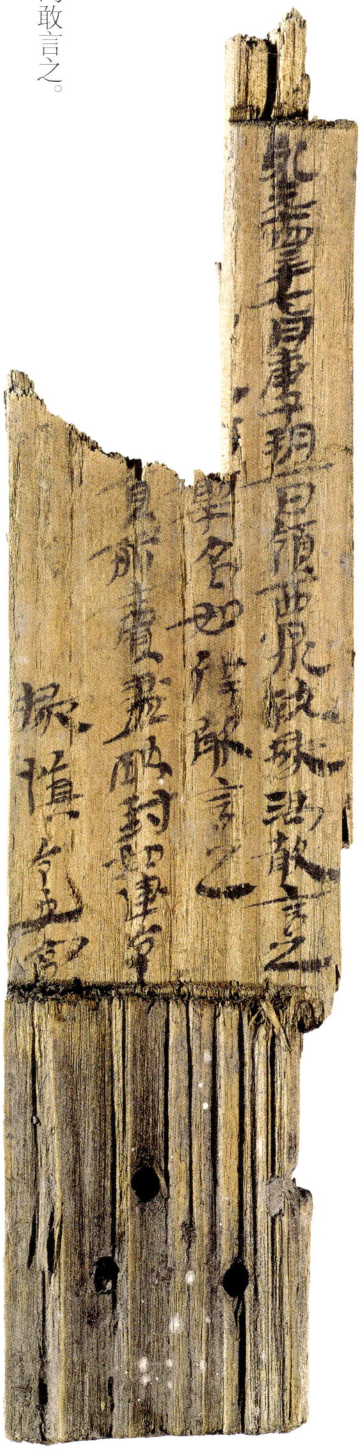

☐鄉有秩鄧領佐城慮謹與三老☐
☐☐第☐差未今年年廿三者，西長
☐☐☐三千，詡訾高尚☐里正，皆具黄
☐☐日，詡得符桃（逃）亡，以棄☐☐☐律論通。

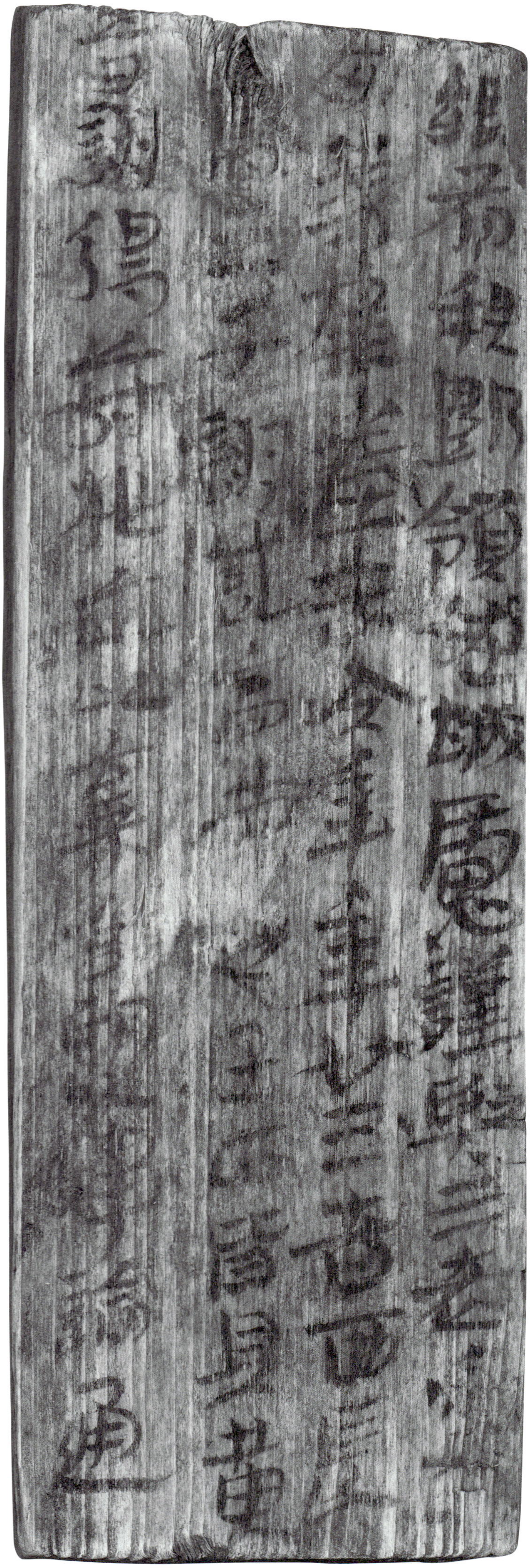

・諸師先日去，造次，語言不盡，到舍□
平安。素未賞（嘗）相答，遭之張掾在中閈。前在贈
時欲良得師語言＝（言，言）不相禺（遇），來還去。復卒□□【正】
萂（桃），前後卌藍（籃）＝（籃，籃）六十，爲二千四百。每度畦＝（畦，畦）□入□□
寫入，欲留師萂（桃），□張掾左右道師度非一箴，在事□
言當復還。故□之以牒付黄生。即師不當復來，□□還，
宜以錢付之。累＝（累累）謝夫人。東部税掾樊□叩＝頭＝（叩頭叩頭）。【反】

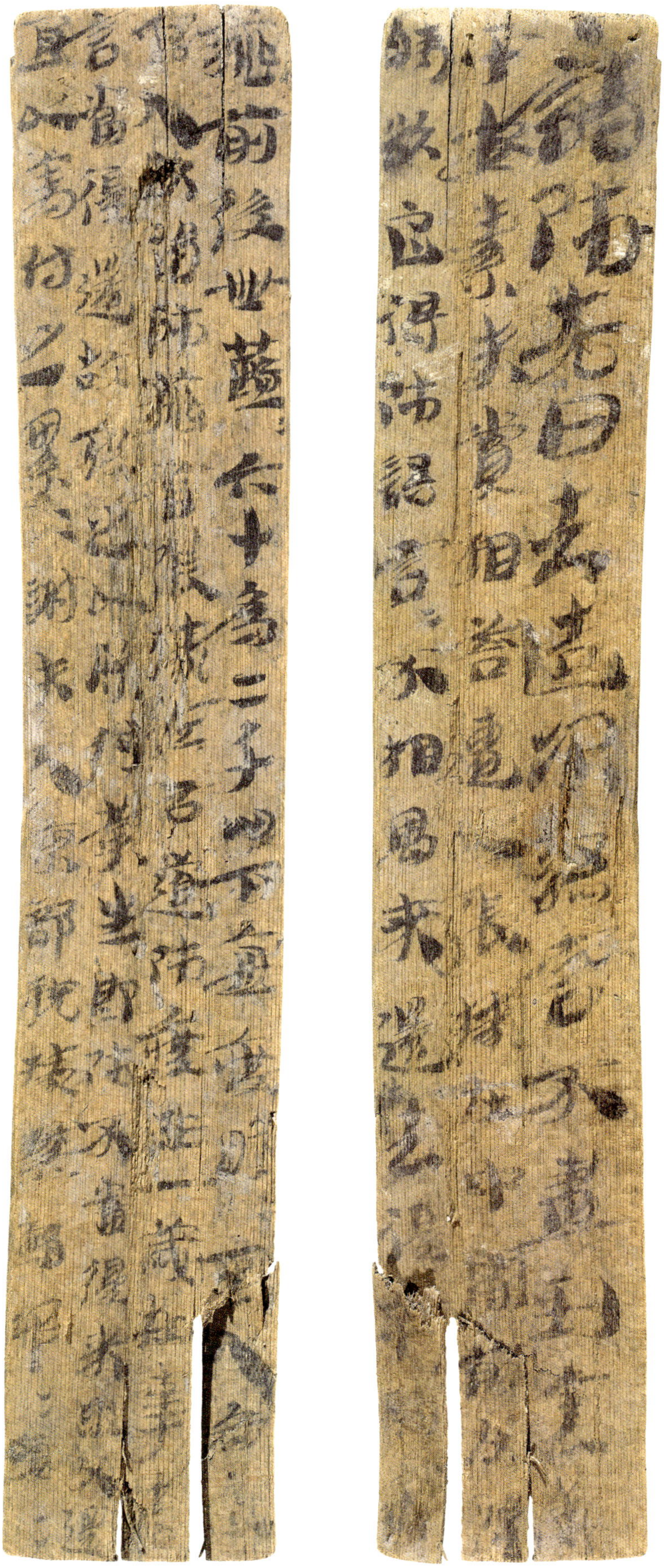

陽光日去遠沉

幸長壽之貴相意

歸秋之宜得師語言之六相馬夫

言之六相馬夫
意沉
長

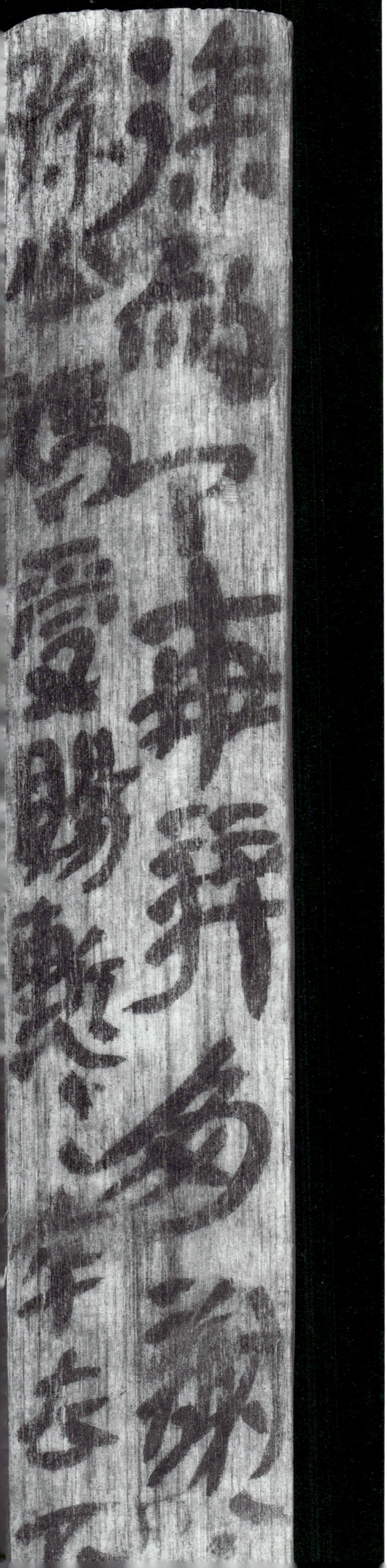

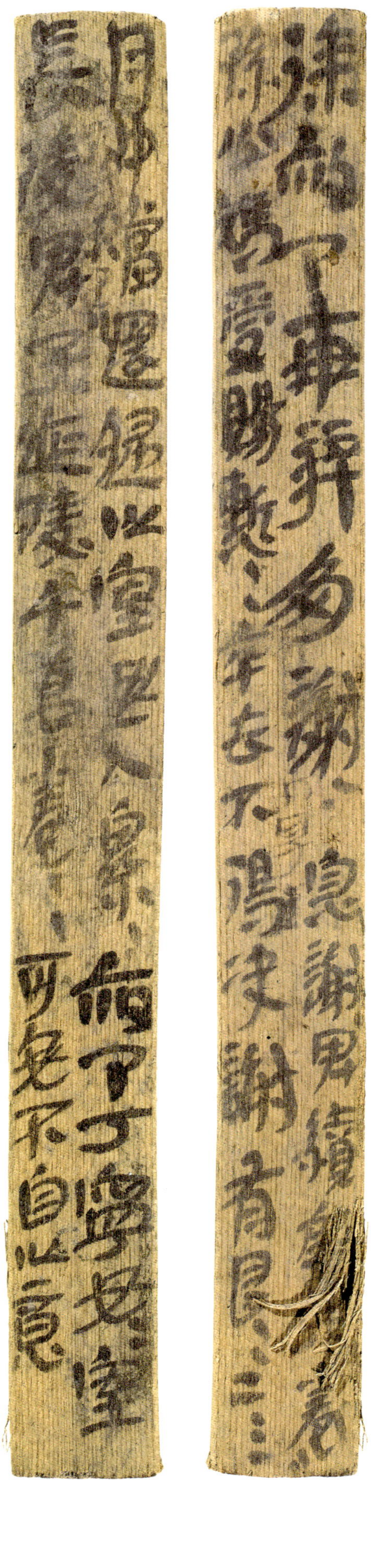

徐赦卿再拜，多謝＝（多謝！多謝！）息謝卑（俾）續，躬囗卷（惓）＝（惓惓）。

孫公媽受賜塹＝（塹塹），卒去，不得決謝，有艮（恨）＝（有恨，有恨。）二、三【正】

月中當還歸，以室無人，累＝（累累）。赦卿丁寧女＝（汝，汝）室

長陵，卑（俾）至延陵，千萬卷（惓）＝（惓惓），可安，不自以意。【反】

一三頓首、、息諸男復象……悉
年去不得復謝之青良、、
月比、、隔遠遠以僅至人
長在罪德遠後年書
一至大息弟、、而可子受女達
書書、、可見不自以竟

周公嫣多問，卑（俾）赦卿以十一日到

賣者、車者，貴賤自以意。月□。

烏程，無可處者，意欲止留家。【正】

錢未有去時，女（汝）且毋忘之續，日向作治，躬

未寧已。出門未謝張嫣，礧頭，千萬卷（惓）=（惓惓）。□

母丁寧，卑（俾）赦卿來言，長已（以）來無有親人，已有

女（汝）與續母，當自往，且以累女（汝），二人自還可。【反】

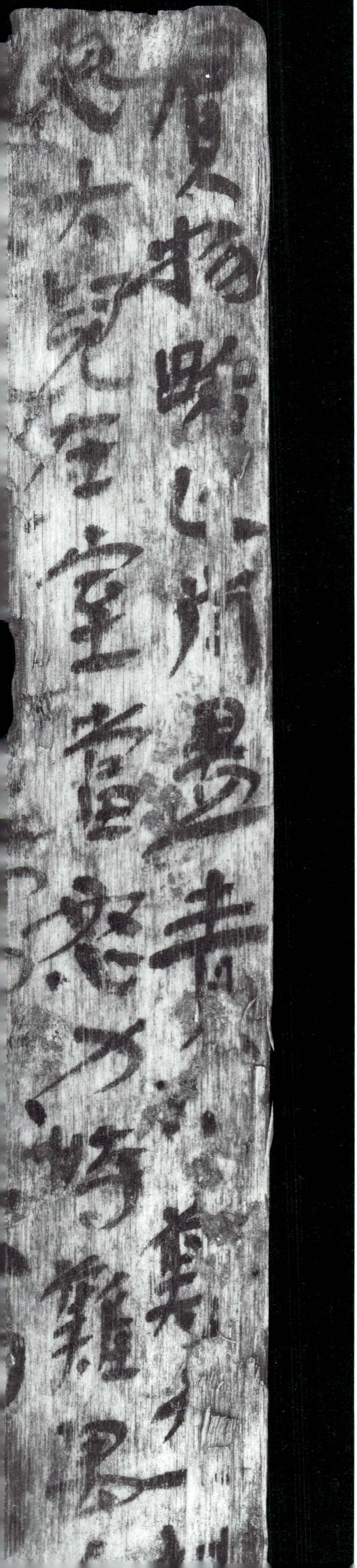

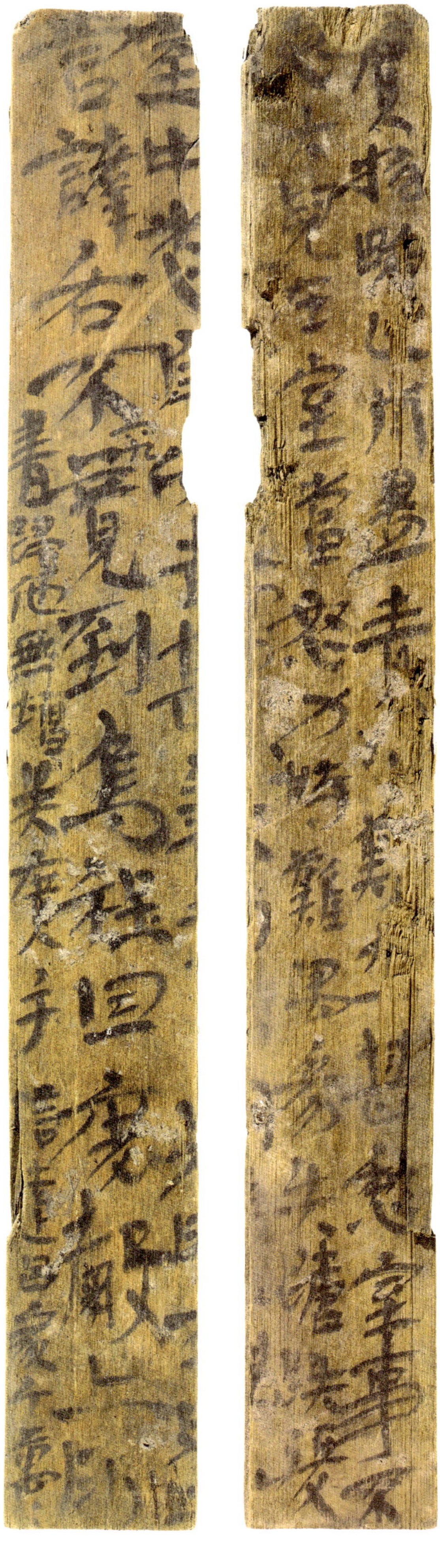

廣揚略止㡀（弊）昷（瘟），責☐難大，一甚愁。室事不德，大兒在室，當怒（努）力時難，禺（遇）彖失踼（踢）跌，復……【正】

室中悉自☐☐甚☐……言諱，各不究竟。到烏程，因度穀上所書歸，他無增矣。廣手信達呂家，千萬＝（千萬千萬）。【反】

㝅公昨去悤＝（匆匆），語不悉。今餘杭龔公所買通鱣，賤貴與之，復欲得鱣，二千與爲可買，但千七、八者勿賣之，賤□逐，須二千信可賣。公壽，去者必取兵（兵）弩鎧楯持歸，其餘不一【正】

物，置自中履，蓋屬累宋家及曹。告新婦：朱孝今當得三千五十，玉林少千廿五，嚴母少四百，屈母少二百廿五，社元臺少九百廿五，陳母少三百□，□女少百七十五。得錢晏，踈已之言。丁寧違耶不言。【反】

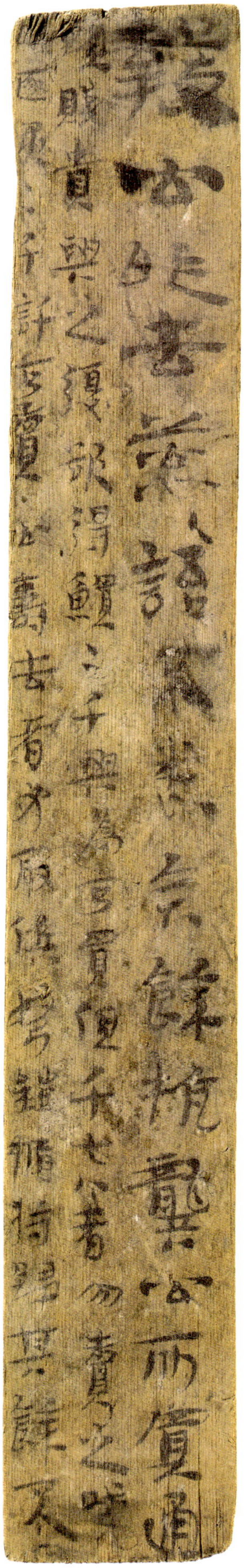

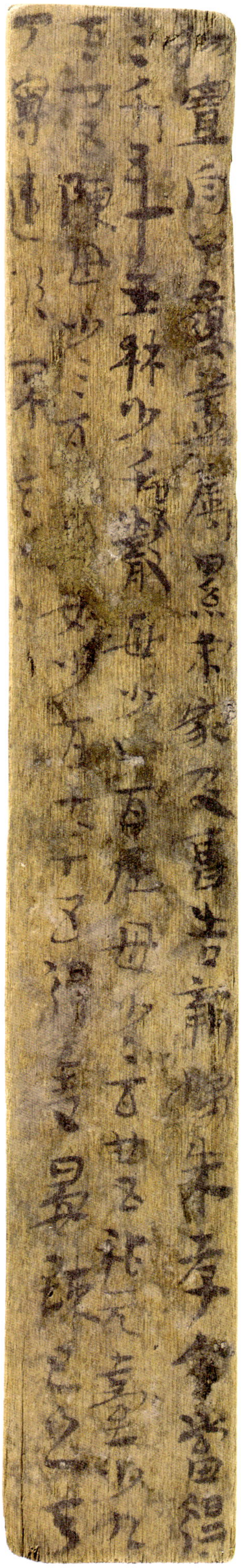

敦煌長史宗諺□宗餘杭龔公所買通
□□賤直與之須訊得鱣之千匹爲壹買便千匹者勿賣之
□□□許□賣之壽告春才取估使證據時理買難之
置酋□□黄買□□下冢之曹告前□□□□□□□□□□
□□□□計十五年少□露使□□□□□□陳□□不可

〼以部行□掾馬𢡊叩頭死罪敢言之。

〼……亭長□□□責府于兒蘭所换吴庫錢，有令來言遺。知蘭换錢給急，至當卑（俾）□

〼□召蘭家一人□遺□詣廷。𢡊叩頭叩頭，死罪死罪。奉被記輒部遺録。召蘭家一人未能及

〼得，輒□遺將詣

〼叩頭叩頭，死罪死罪，敢言之。詣空□□。【正】

君侍者。者者□都者。

〼廷以郵行。司庫吏陳福、徐仁□□巳□□。

□圖逋事。【反】

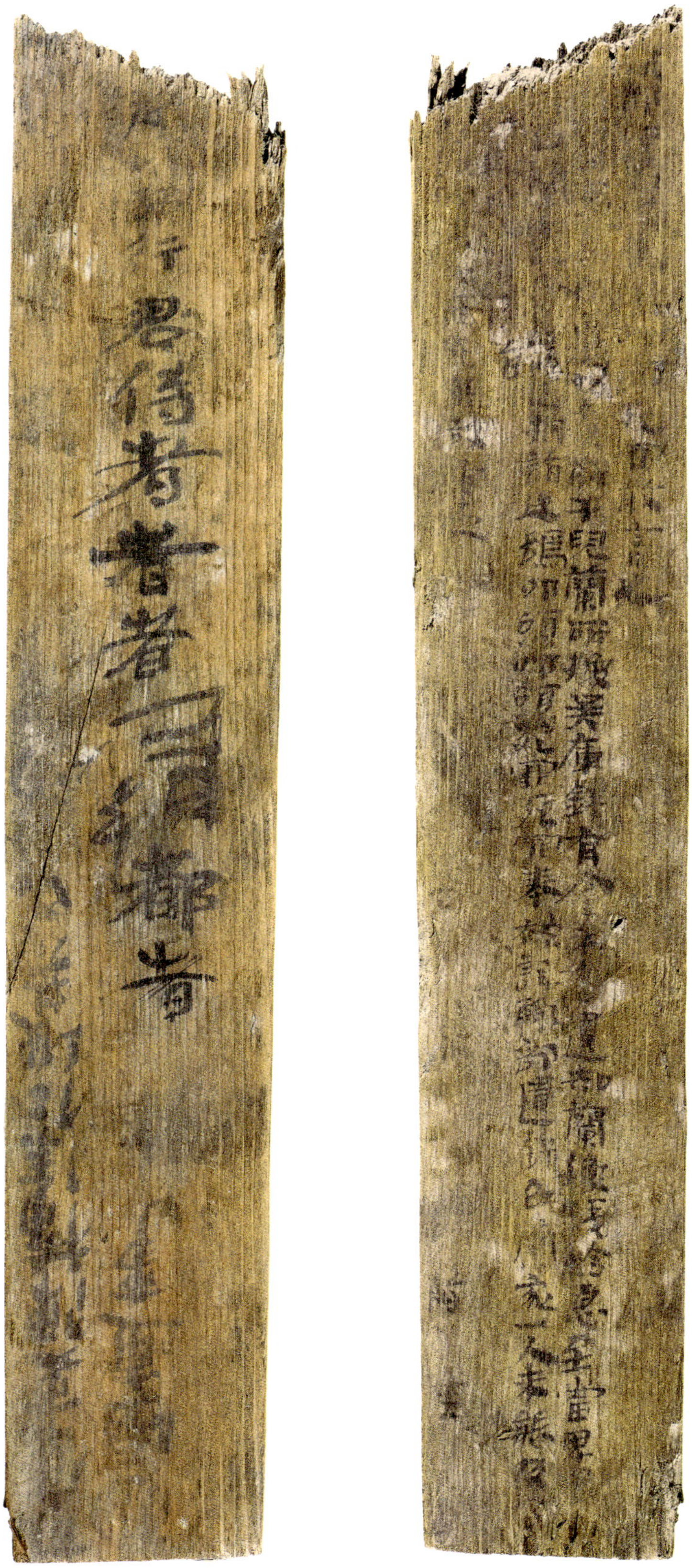

鄙賤吾騰叩頭再拜言。
□當以四十五□
錢取之耳。
□幸□□□□
屬慎勿乘哉！物令故敗，方夜往騶（趨）之，令□□□
掾仲真。頃𦎧（敦）不侍善（饍）嫣〈媽〉（焉），食飯平安。
刀敗者，復使□□物，爲謝＝（爲謝爲謝！）□大姑勿……。【正】

新婦薪家内無損異，幸甚喜＝（甚喜甚喜。）念庸爲□
株，賀者爲始辱，何可深陳文乎！閒連左走，違
闊朝夛（夛）奉問，抱慙湖（無）已哉！身鄙，久爲憂累，因上
前錢。家有善，張弩□，横刀於謝。聞家泊二尊錢□。【反】

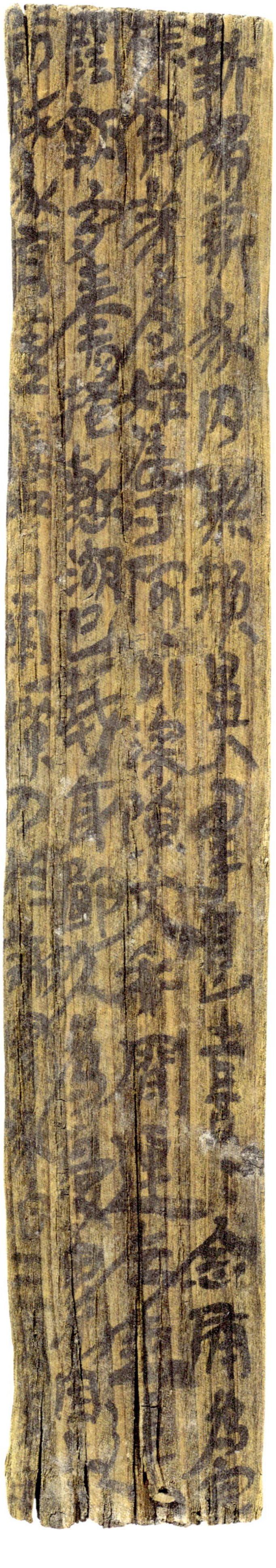

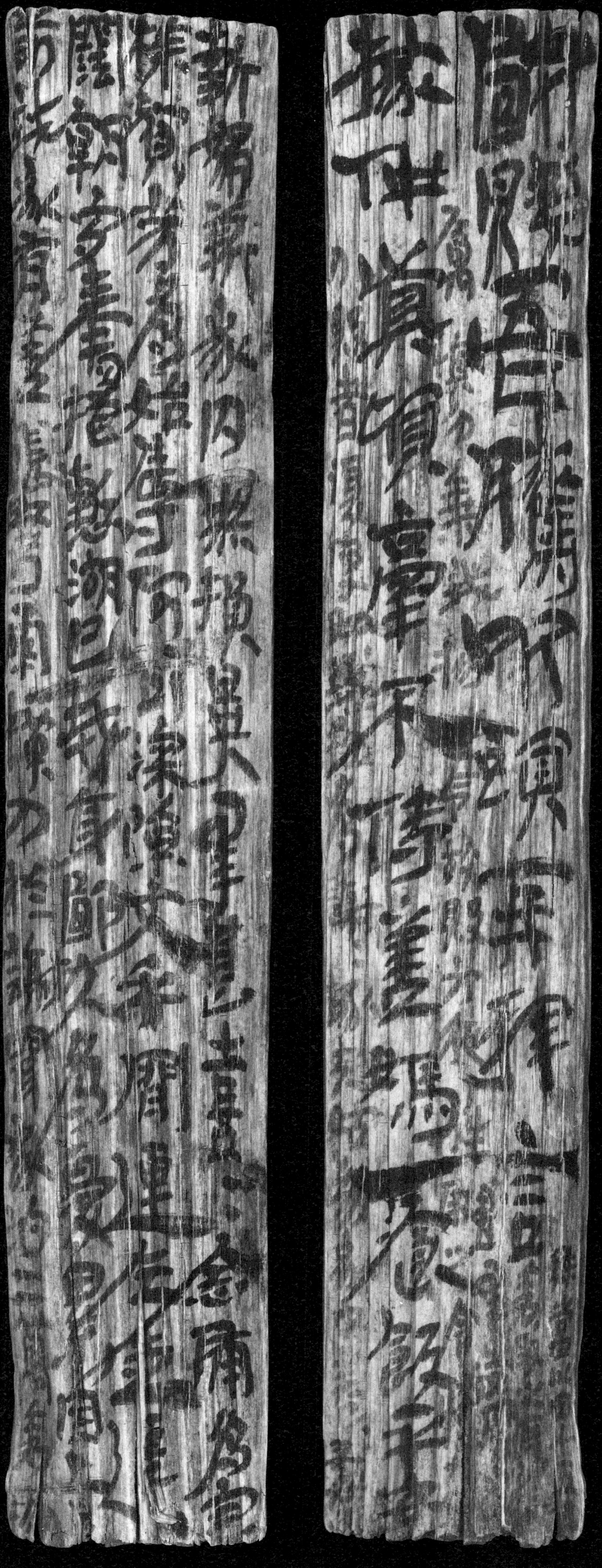

錢師頓首言。往人勿復相輕易（易）以爲失，率當知慺 =（慺慺）。
戴師侍者，久未復相見，勤【正】

市事用心囗，因言囗前所取鋥（鐵）
錢已留久，敢使婦往而令乞，不相歸。
此若少意，……人往，必具錢相歸以。【反】

牛事用已出歔
已三言玗今ママ毛異相
使囝煤歔

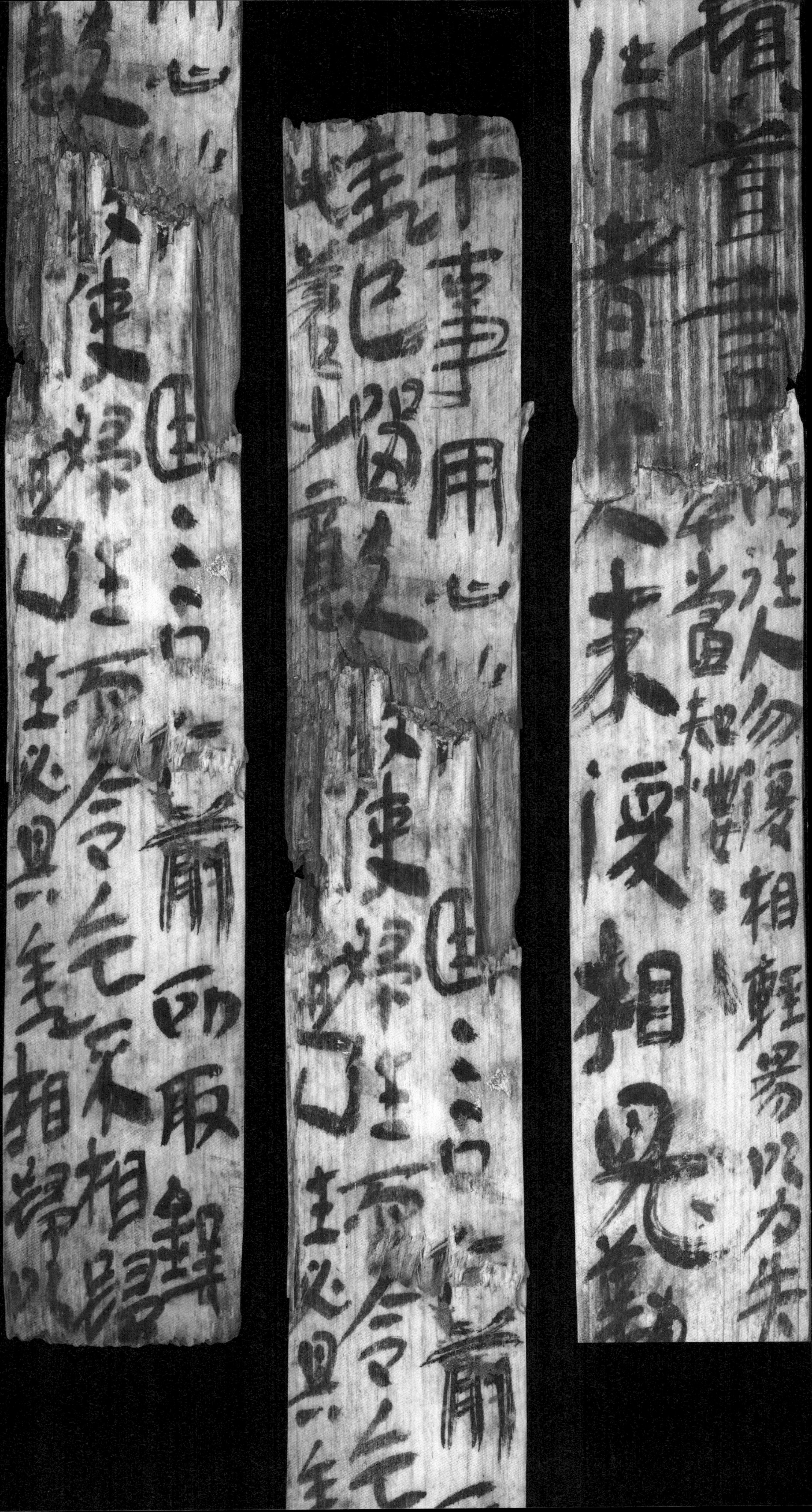

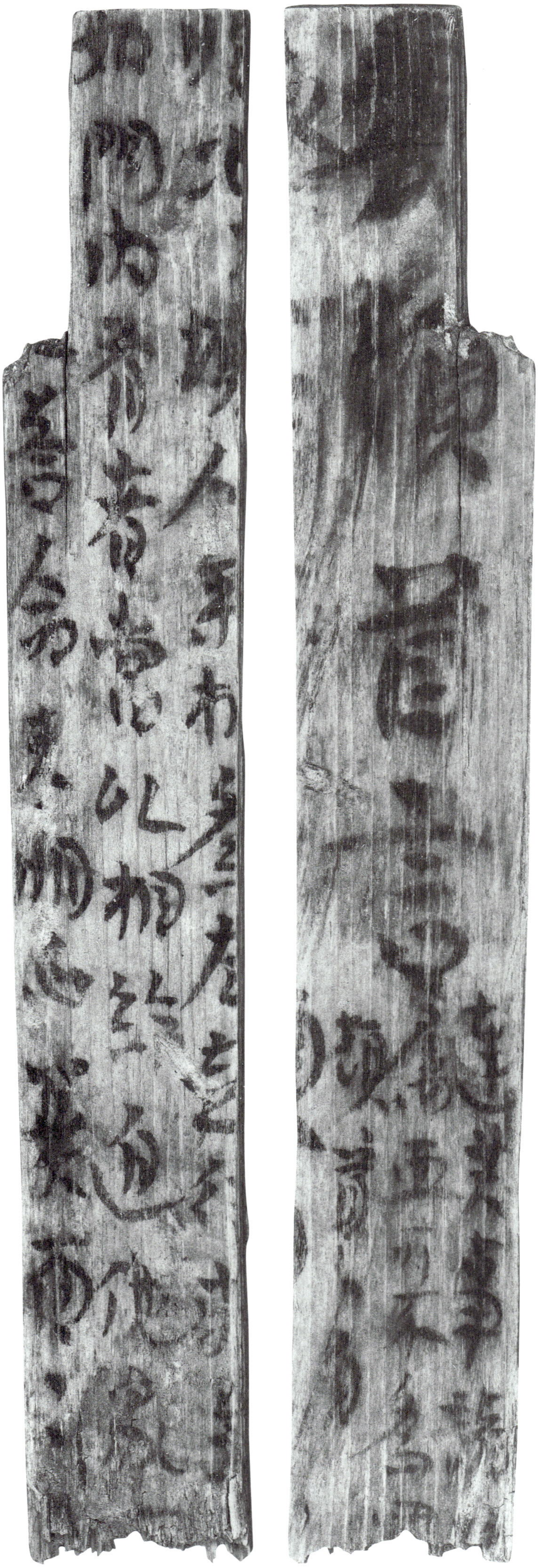

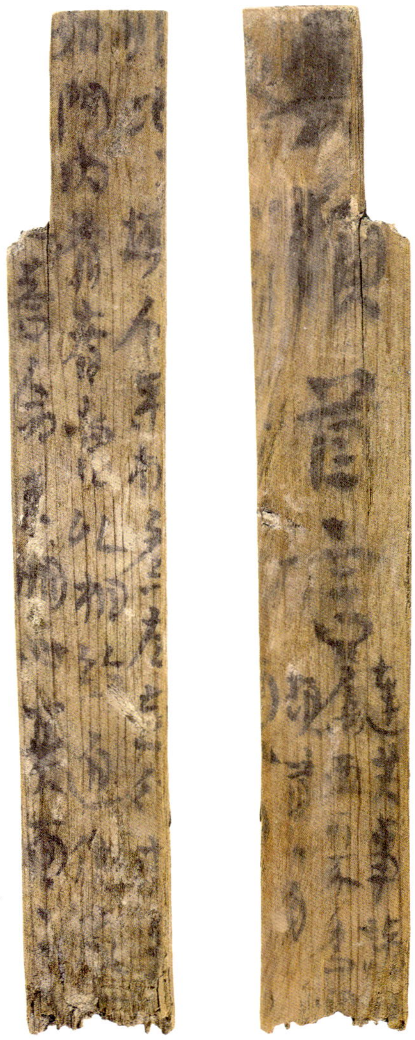

震頓首言。

達共事詣□☒

屬面可不爲□☒

頓＝首＝（頓首頓首）。□

……頓首。【正】

□□□頊人，余於□左□行□□☒

如門内有者，當以相給，追他家□☒

☒□答命未明，心冀面＝（面面）☒【反】

☒……
☒不如□且自議之，善不飲
☒今□□夫人，千萬盡＝（盡盡）。【正】
☒□區＝（區區）可意者，復相聞。前日所
☒且之，貴賤聽隨左右，以累＝（累累）。壽
頃□□□臺。【反】

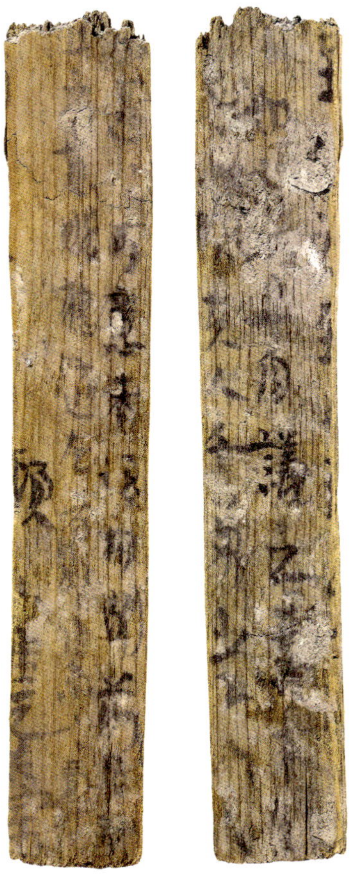

⧄……
⧄□叚桼卅石五十一升。吉。分。【正】
□□□
⧄骱（脇）骱（脇）骱（脇）骱（脇）骱（脇）骱（脇）骱（脇）骱（脇）。【反】

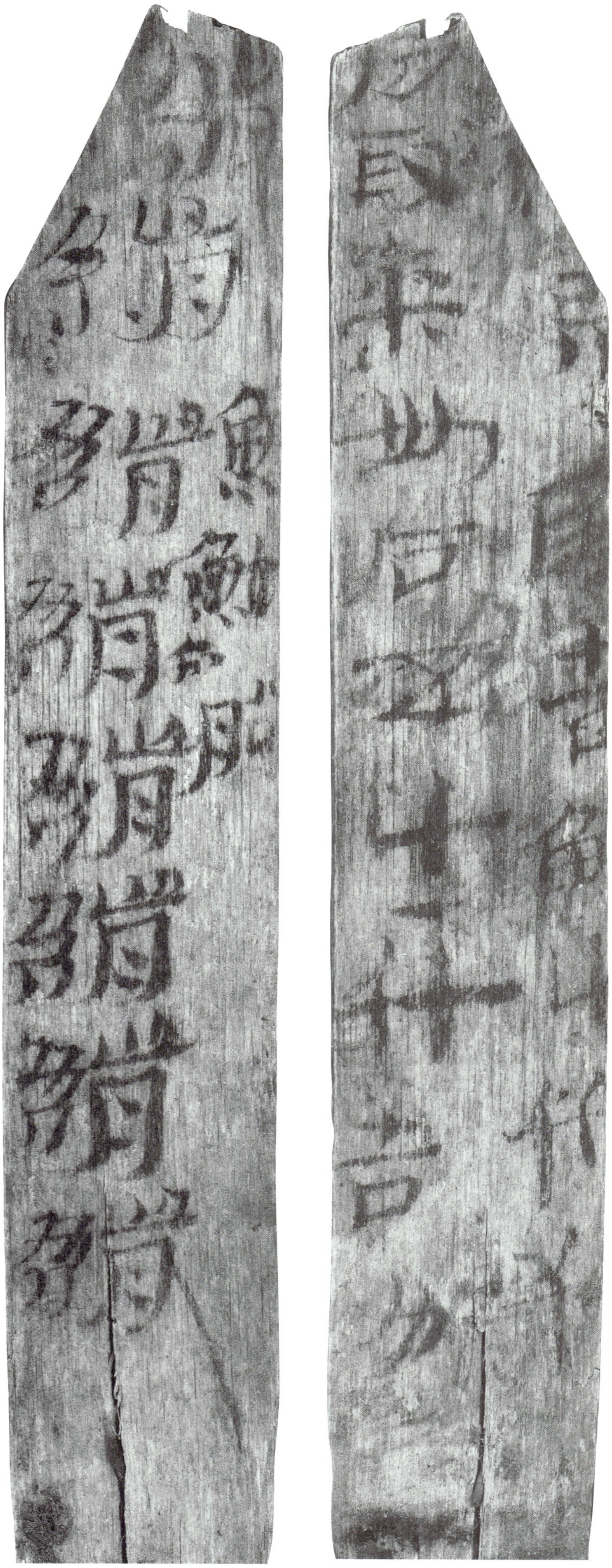

……
鮮曲。
扇四束，直百，予三錢。
柚四百。
……

蒲□廿六。
米□卅六。【正】
米卅。　　橧。
糴米百五十。【反】

延光四年十月十三日，王客人所賫持薄（簿）。
練畀一。
沫（袜）一。
先羣（裙）孺（襦）一。
糸（絲）絮袍二衣。
次身練褌孺（襦）一。
柴（紫）畫袴一。
故青複羣（帬）一。
故青小由（袖）一。

楗（腱）上練小由（袖）一。
白縑下羣（帬）一。
纚（縹）先支衺孺（襦）一。
霜袍虡（裾）一。
白畫袍一。
紅冰令（領）面一。
函金一錢重。

嬰（纓）絮一。
函絮一。
面絮一。
繡□、掯各一。
冒（帽）一。
牽冒（帽）叉（釵）一。
黃虎文裹（囊）。

都兔被一。
黃連錢逢（縫）裹（囊）一。
紅裹（囊）一。
□裹（囊）一。
莘（絳）上絲粉裹（囊）一。
違惜一。
紅□一。
紫□繪桂樹［一］。

作養婢一。
歌婢一人。
雄維（雞）一。
維（雞）母一。
維（雞）子一。
犬一。【正】

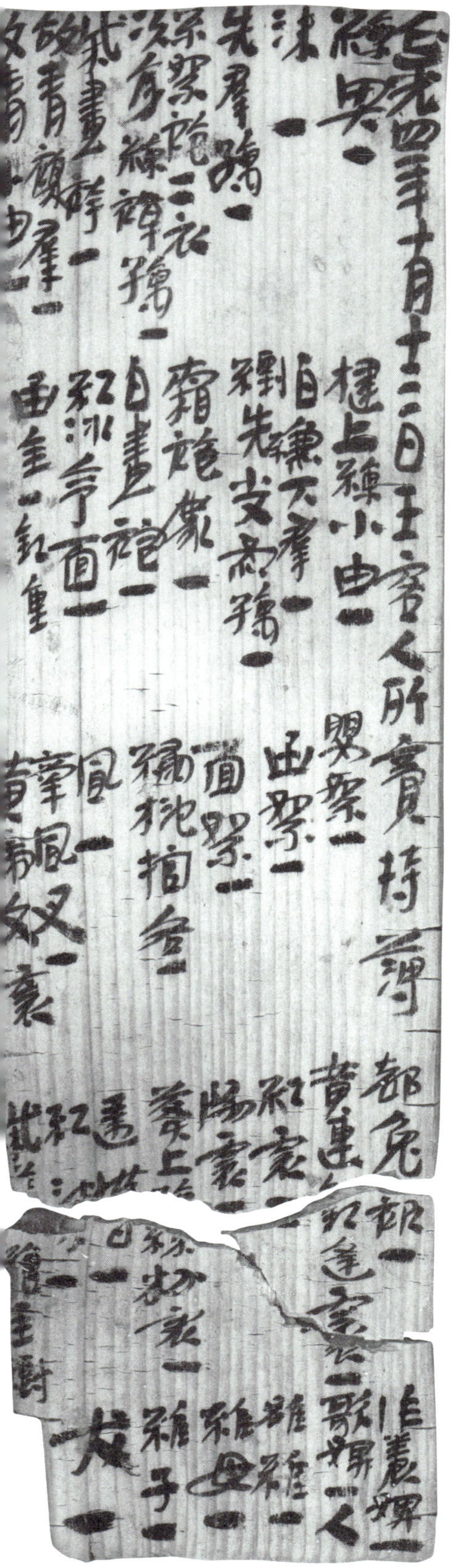

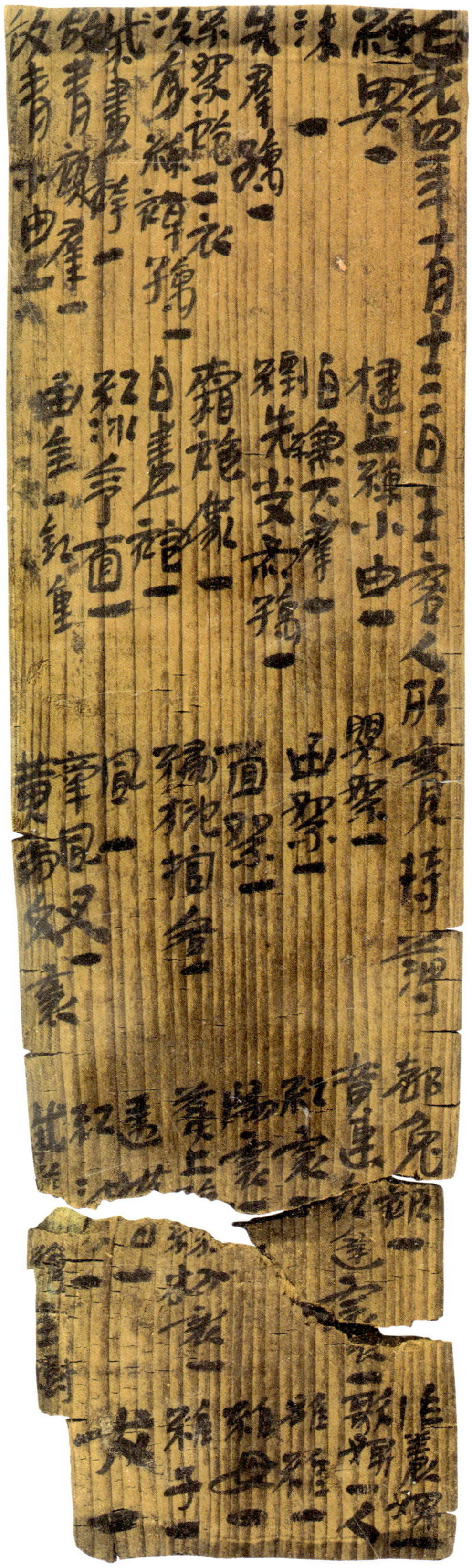

馬子一。

代人二人。

羊一頭。

白□一。

要帝錢五十。

明錢五十。

銅邊綰一。

褋繒𦀉（裂）。

青布一匹。

白布兩匹。

霜絲各一匹。

白縷卅頭。

故冒絮一。

爵一。

明志一。

日、月。

連錢昇棺。

棺中帝一。

財刀一。

都免被一。

繪維（雞）兩。

黃金四兩。【反】

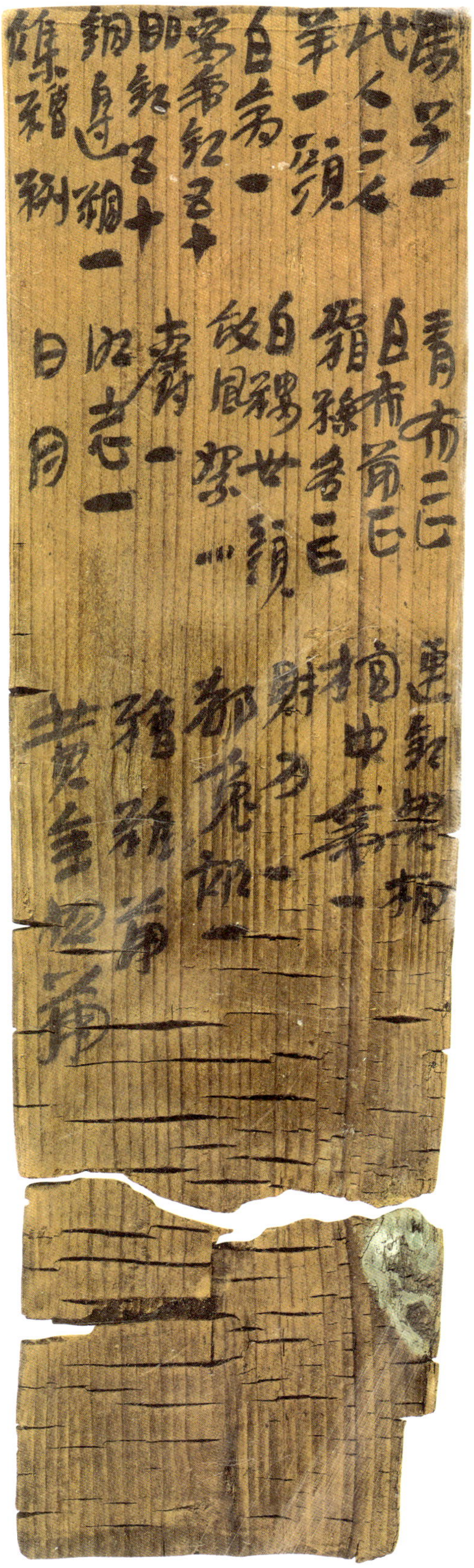

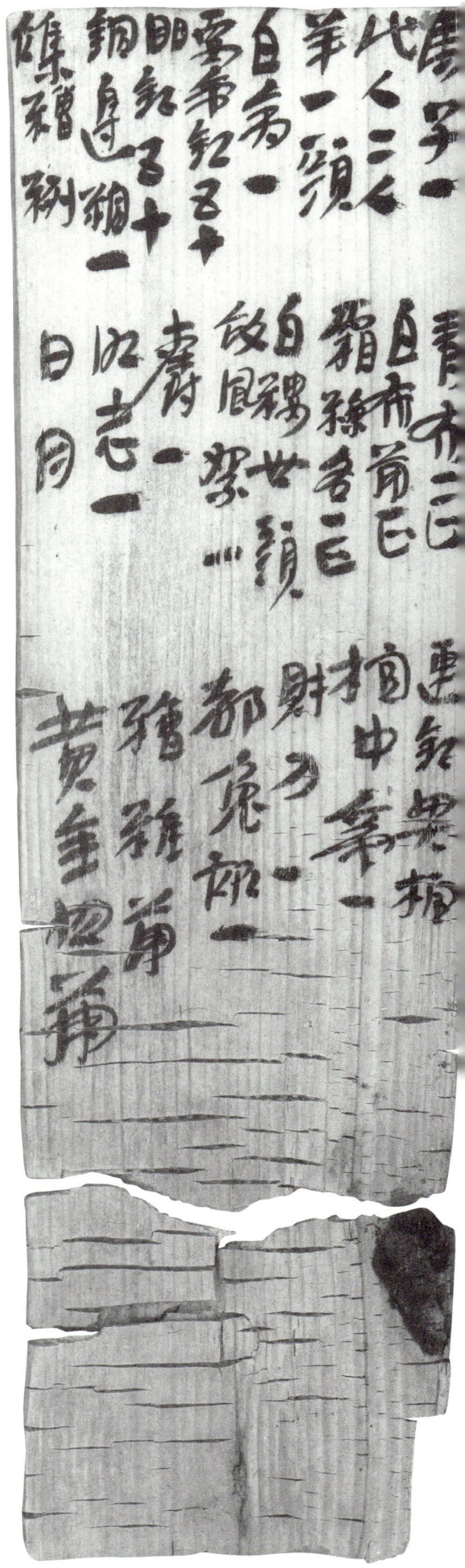

王義任所齋（齎）持汁（什）物薄（簿）。

先帬襦一。　故襦下帬一。
絮袍二。　白□禪裡一。
函銖五兜。　故青小綬一。
白練袜二。　故練冒（帽）領一。
故青□一。　故上禪裡一。
絲襦一。　新白練□裡一。
故組複帬一。　新白練袍一。
故青複帬一。　新青□☐。【正】

霜冰覆面一。
縞巾一。
絲冒絮一。
嬰（纓）絮一。
故□絮一。
故冒（帽）絮一。
新絲被一。
新絲□一。

首撮二。
行原囊一。
紅囊一。
霜囊一。
黄丸囊一。
履二枚。
布十八匹。
襍繒十五匹。

霜□□一。
束絲五十束。
襍鈒□□尺刀。
庸錢四貫。
要（腰）用錢三百。
兩手用錢三百。
故英一。
賀袍、□各一。
故絲繡一。【反】

☒……

☒□爲豈與□君久相見，

☒□恕乎縣命舉＝屬＝（舉屬，舉屬）【正】

☒譴苛伏代驢喜，念

☒……【反】

☐義豈復重二三□自□☐
☐教，期屬始致酒，顧目□□□☐【正】
☐……
☐厲面言，鮮不□鴿，懷抱☐
☐□還，下久惓＝（惓惓），君雅珍須□☐【反】

賣布䟽（疏）。

兩端六百。
五端千七百五十。
七端二千卅。【正】

此十四端當爲
［四千三］百八十。

十六端當爲四千四百八十。
都凡爲錢八千八百六十。【反】

故以府章尚所償器物，
錢千九百八十三。【正】
□□□□□□【反】

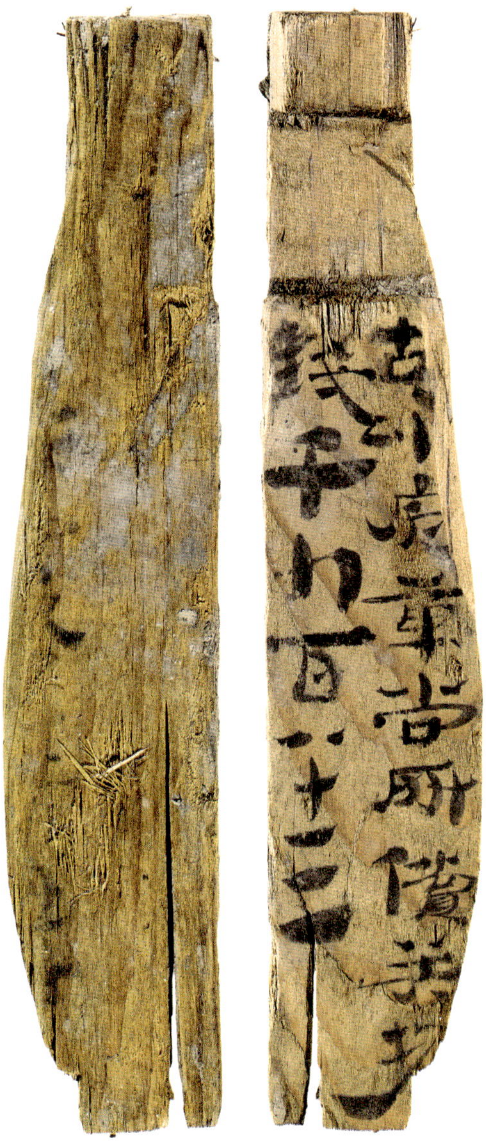

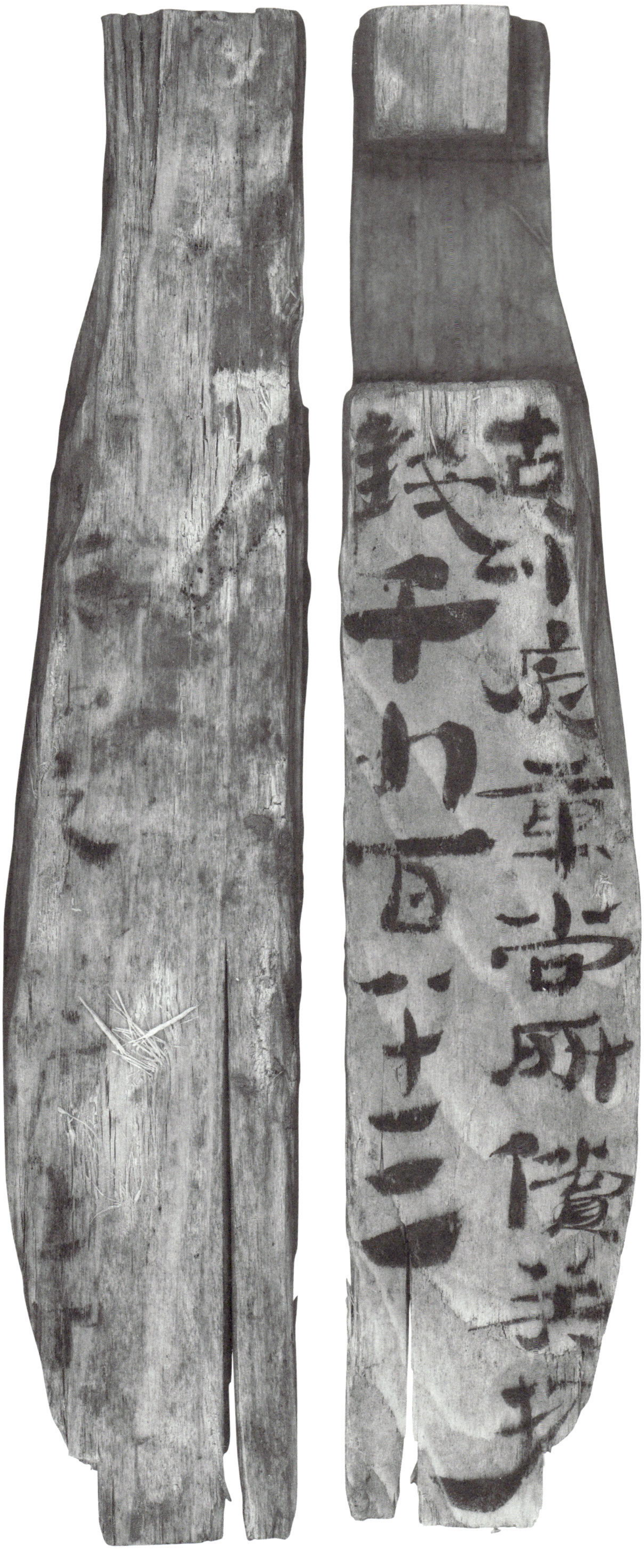

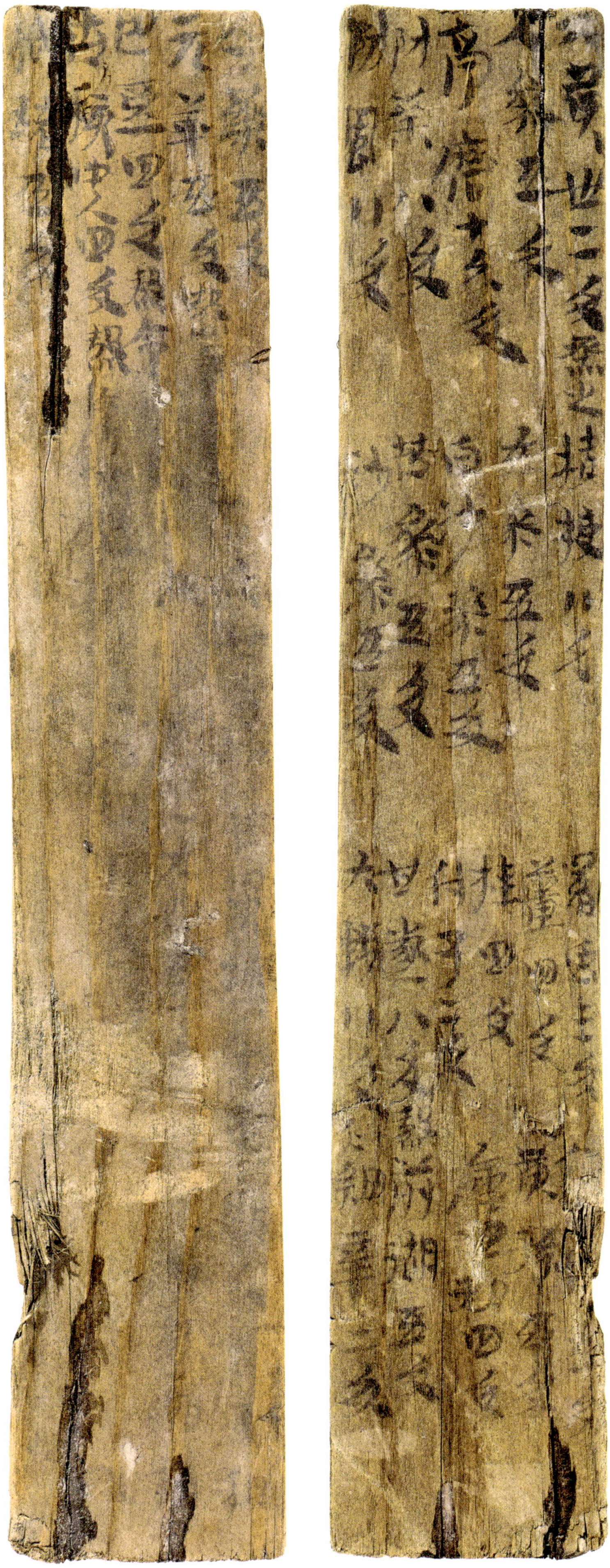

大黄卅二分，烝之。
人参五分。
亭磿（歷）十六分。
防祭（己）八分。
防風八分。

桔梗八分。
玄參五分。
白沙參五分。
苦參五分。
沙參五分。

署虫三分。
薑四分。
桂四分。
付（附）子二分。
甘遂八分，熬。
大戟八分，炙。

烏喙四分。
黄（王）孫五分。
盧如（茹）四分。
前湖（胡）五分。
細辛二分。【正】

勺（芍）藥五分。
元（芫）華五分，熬令變色。
巴豆四分，熬令變色。
杏核中人四分，熬令變色。
臧（臧）堵五分，……

●凡廿六物，皆畢冶，什□□□□
父（㕮）租（咀）
□□□之大如□□□□□□請
……【反】

陽。

廷：賈人□□卌束已稅〼
二月一日辛酉，故鄣丞〼
貴所賣盡破封，如律令。

王柱百六石鹽⧄
桑升遠八十八石鹽⧄
柱父百七十一石鹽⧄【正】
凡鹽五百六十石。【反】

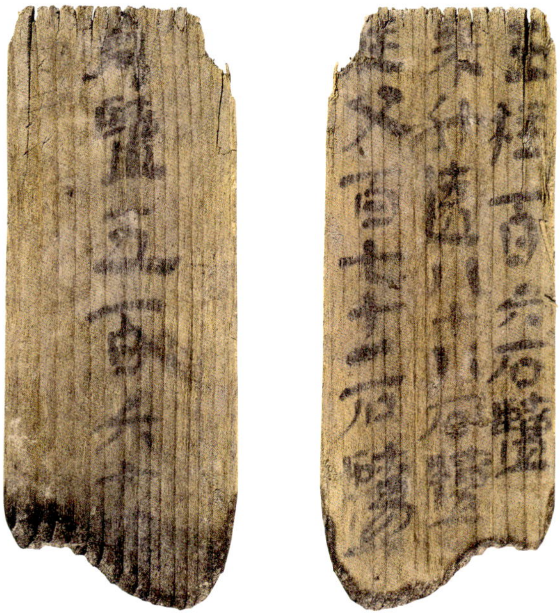

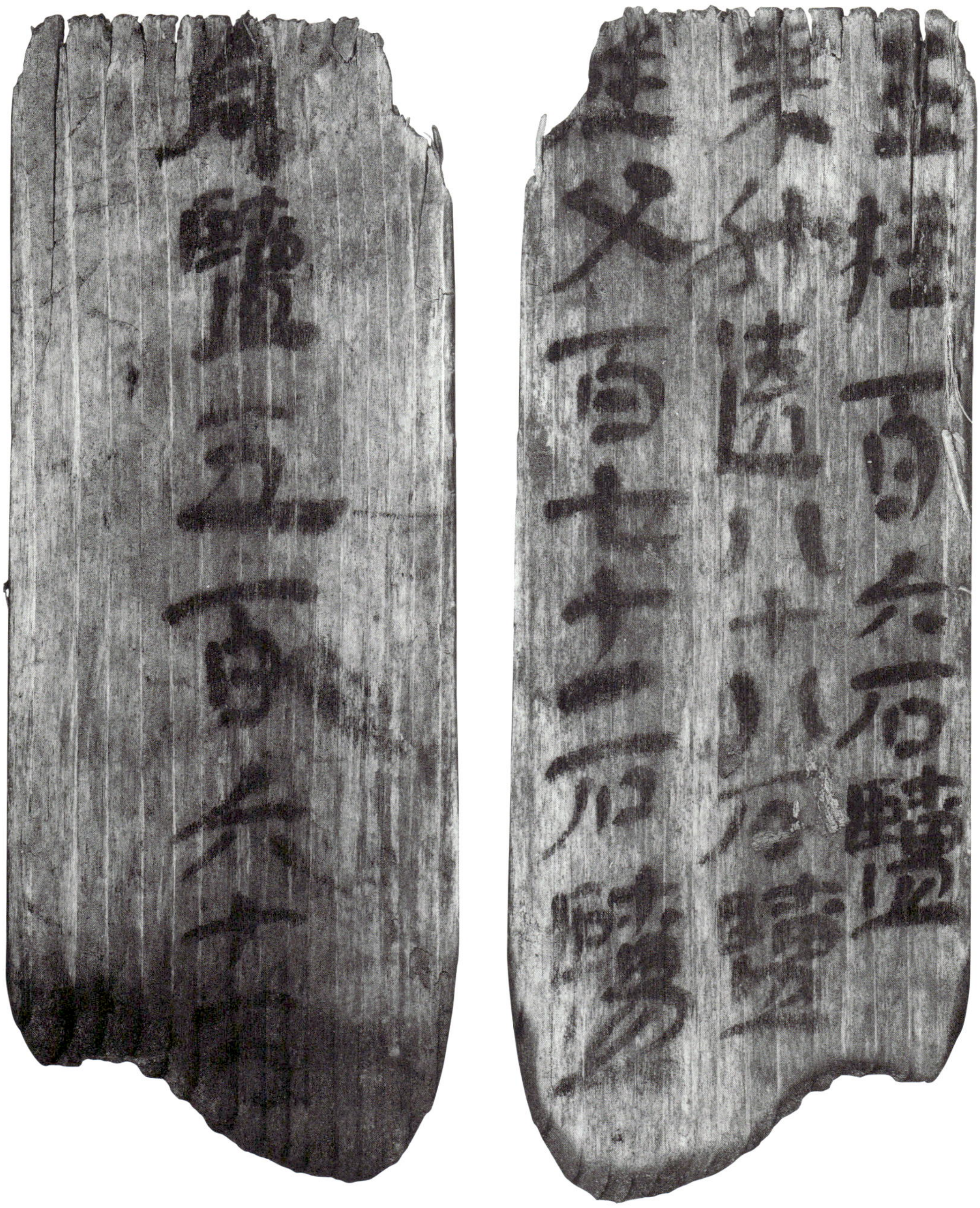

陳宗當得五百五十六［錢］。【正】
胡漢當得六百卅二錢。【反】

治英孔、種兩孔，用一庸（傭）人⧄
治兩孔用六人＝（人，人）八十□⧄
都凡用千二百卌。

七月廿日受陳伯威項〼【正】
□□徐都手正。【反】

士嵩侍前起居□〼【正】
閒真不侍見室〼【反】

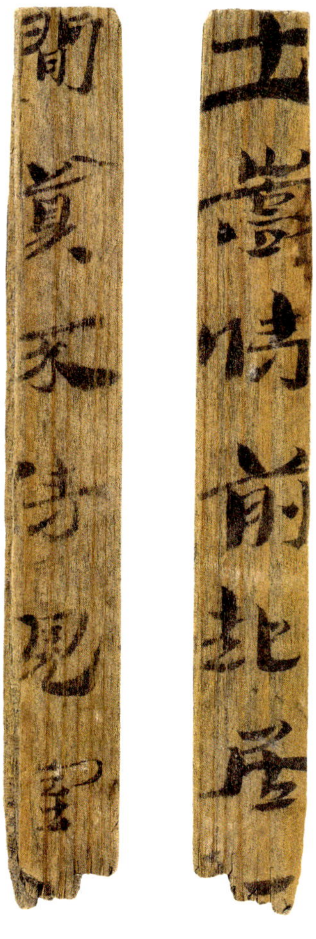

……

朱大掾閒，頃日未復，待面善嬀，小掾留恙。

……【正】

自有□書否？取錢□時，欲復過□□□□

□□莫不面慙累＝（累累），何可深道前，故身助□見□。【反】

見田赤須波詩面書黑皮弟

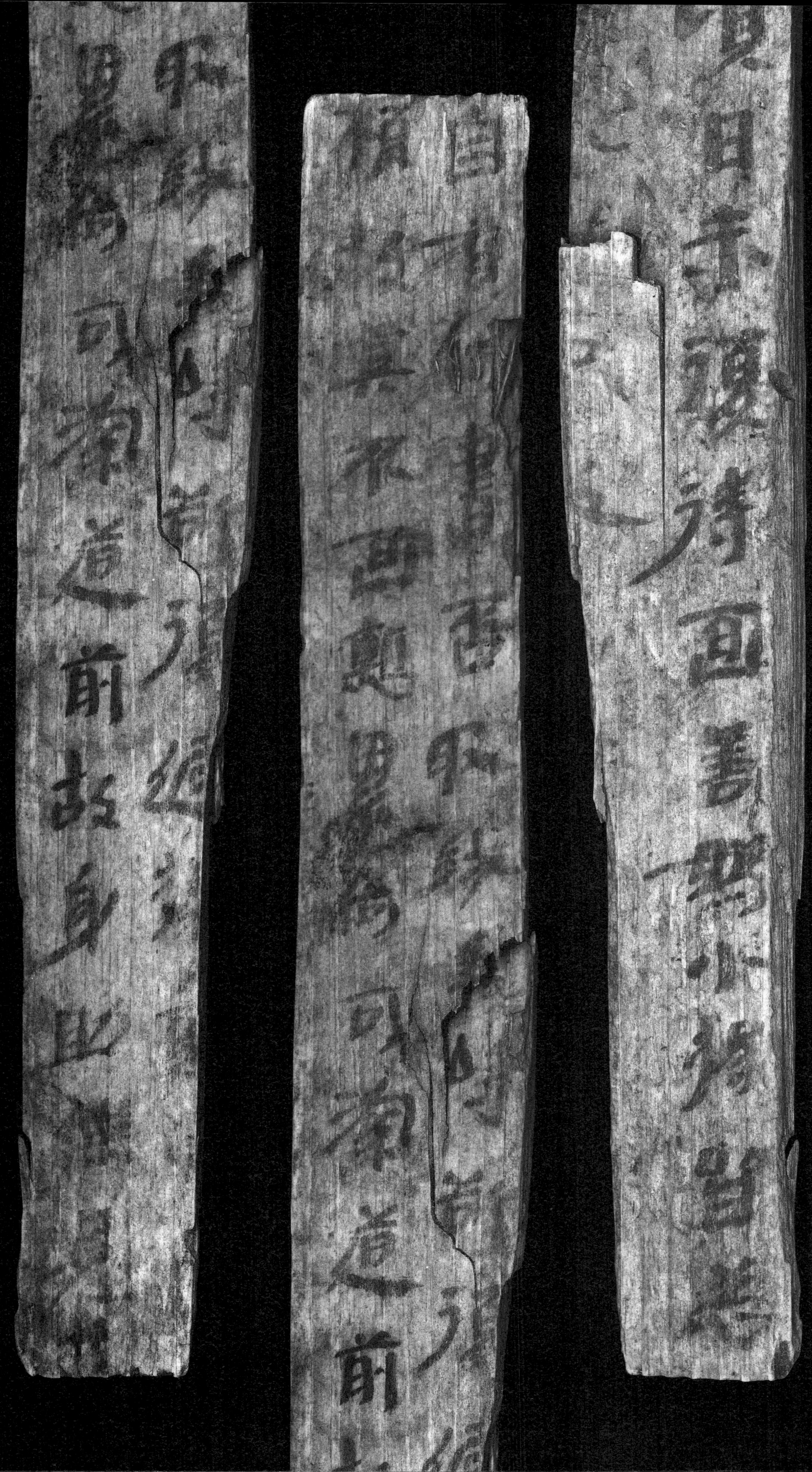

賤子徐賞叩頭言☒
莫掾坐前。頓首☒【正】
再拜，伏自念□☒
須未怨，以思欲徐☒【反】

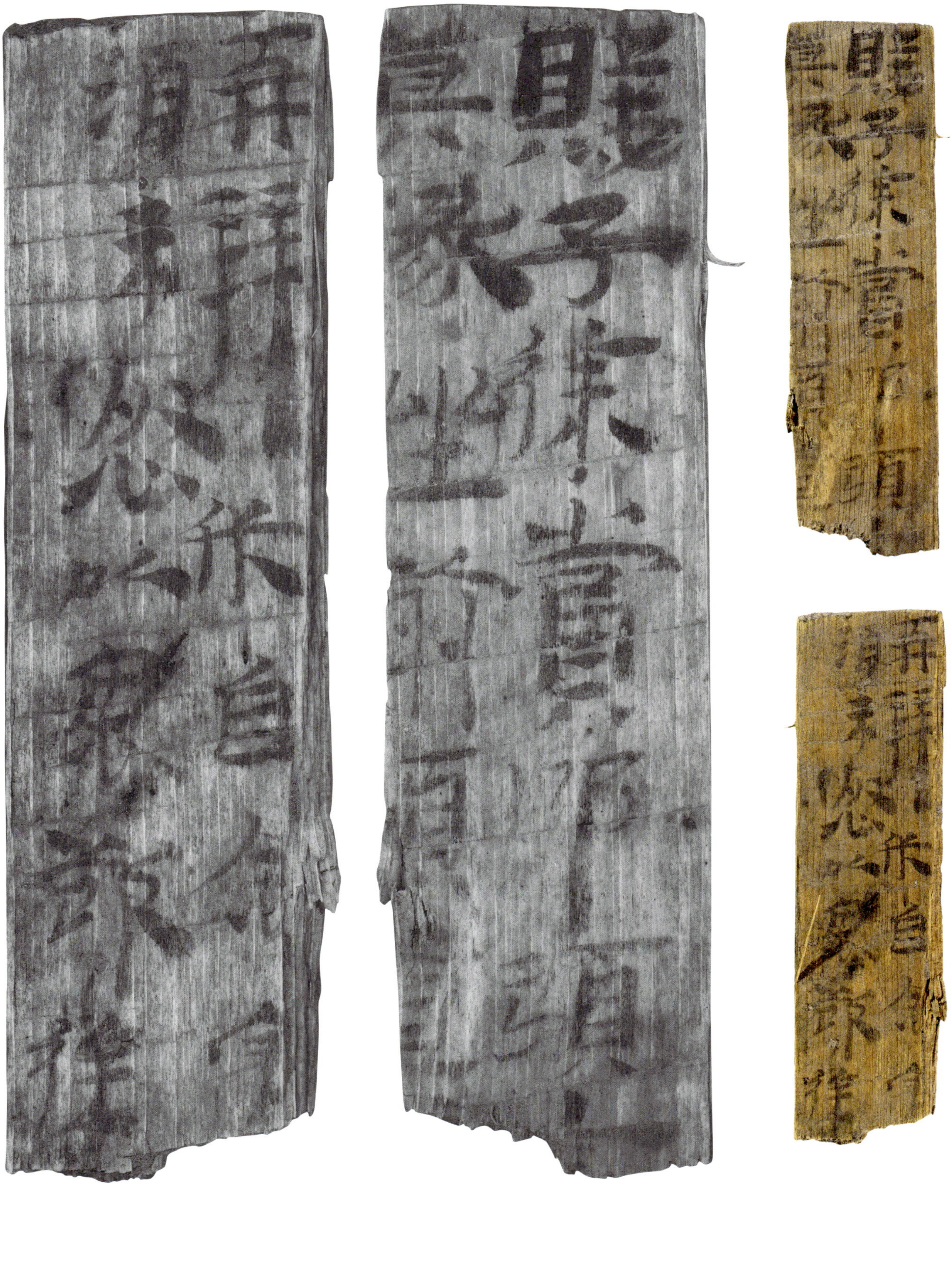

☒☐既書，惟言厶（私）望。【正】

☒今欲去☐困泊枚。【反】

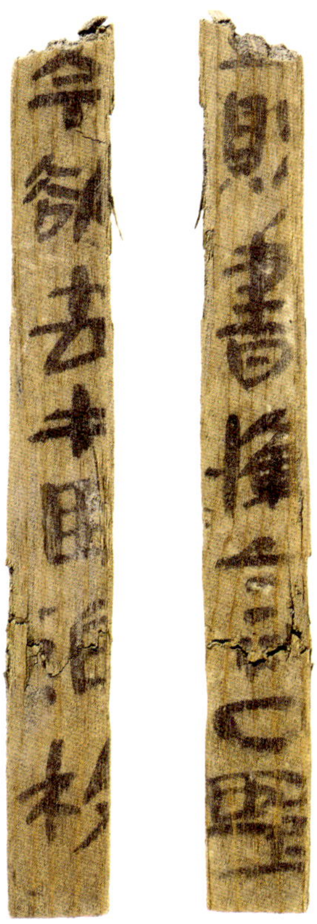

坐前。煩者向☒☐和

坐前。頃不相［見］，☒古，蓋夫人☐☒【正】

……

憩於☐☒延別頃☐延☒【反】

☒□□侍尊者足下，不□☒【正】

☒□□助治前頃□☒【反】

□再拜言。
……☑【正】
……☑
急來，坐相須知仁以□☑
萬。【反】

商敬報文光，愁苦暑□□⧄【正】

直遭米大賤，又復不解。【反】

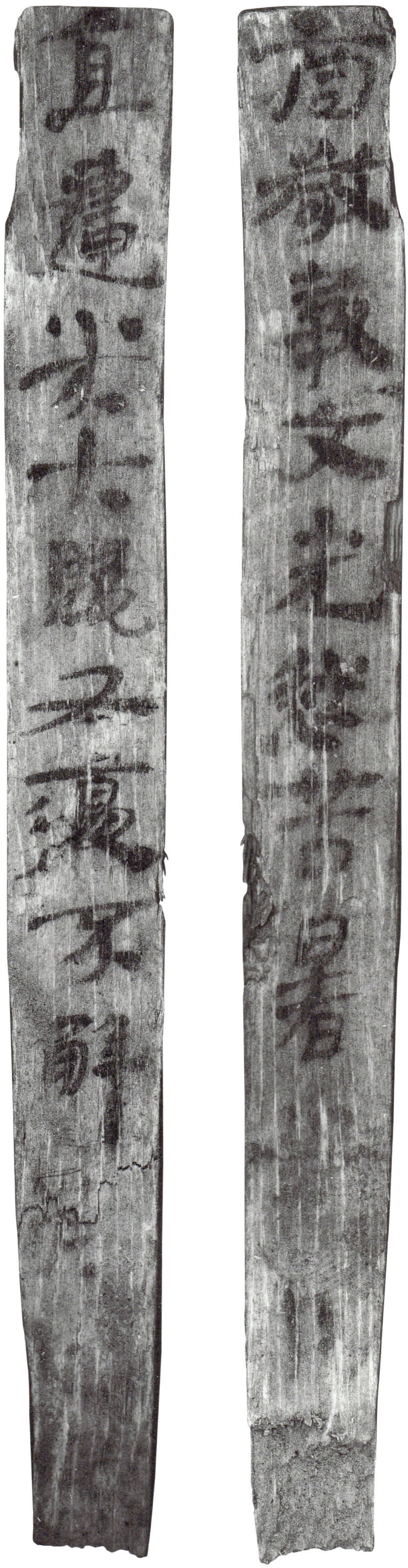

☐□□□□□也。怒（努）
力□求錢□兩□毋□思家室也。
母以□□……【正】
屬□□記甚＝厚＝（甚厚，甚厚）。□□……
勁乙，周衣自愛，忍愚小人每行決＝（決決），束
☐□得冗母（毋）恙。叩＝頭＝（叩頭叩頭）。【反】

君何甚痛。君何。

自已見就，□□何在之□□有□□□□□

賦。

約君欲以爲□□□，爲問之，就見□□□。

☑☐已不☐未見☐☐☐☐
☑☐一忍，居☐慎……。
☑☐再拜。毋毋毋子子。不可☐二也。調
☑也。☐調卒十二人☐。【正】

☑弟子。弟子震叩頭叩頭……
苦萬年。毋毋。
☐毋逆☐……
☑也☐等多少……
☑……【反】

顧稱問，又（有）胡君展德，在伏。　烏程〼【正】

過旦，牽記報章君往來者，必□輕。【反】

慶伏地多問。
子平足下，良苦客居，蓋毋恙？
☐……在爲時氣不【正】
日平。 ⿸厂昜⿸厂昜⿸厂昜⿸厂昜。
子平足下。足下。得得⿸厂昜。
陳☐☐記。【反】

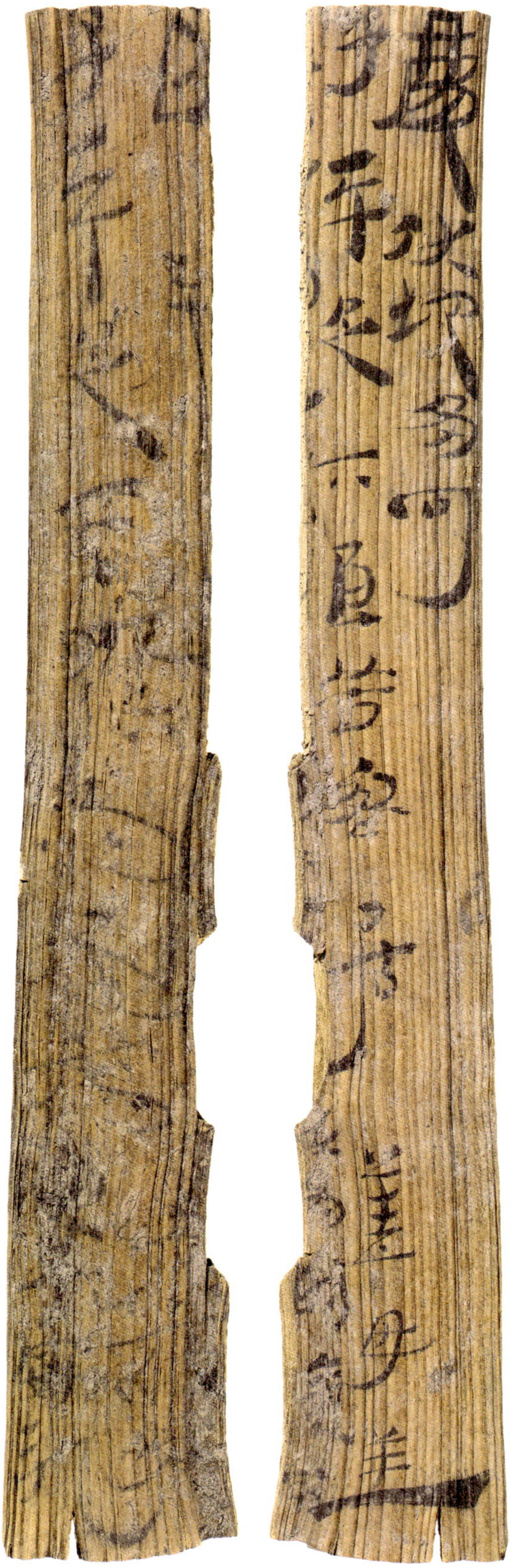

戎伏地叩頭言。
□卿足下，頃不見□
甚薄收租，往言也☐【正】
□然饉□□所舉也☐
何石即另寫記之。☐
因再拜。
户取租。掾章□。【反】

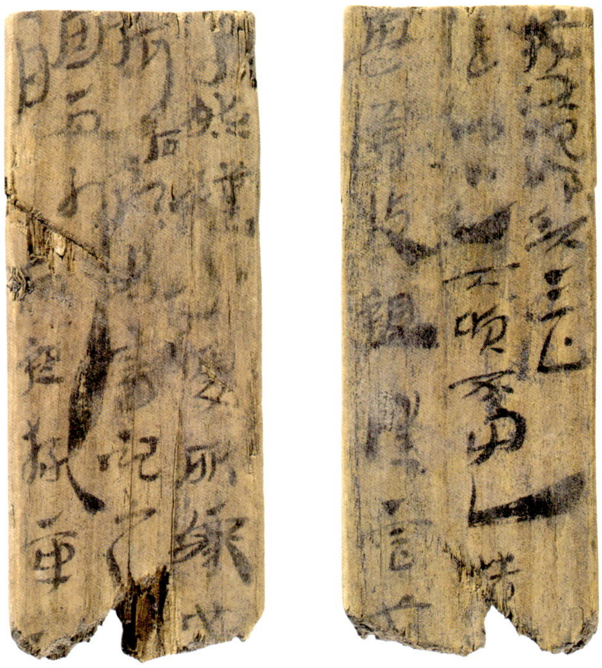

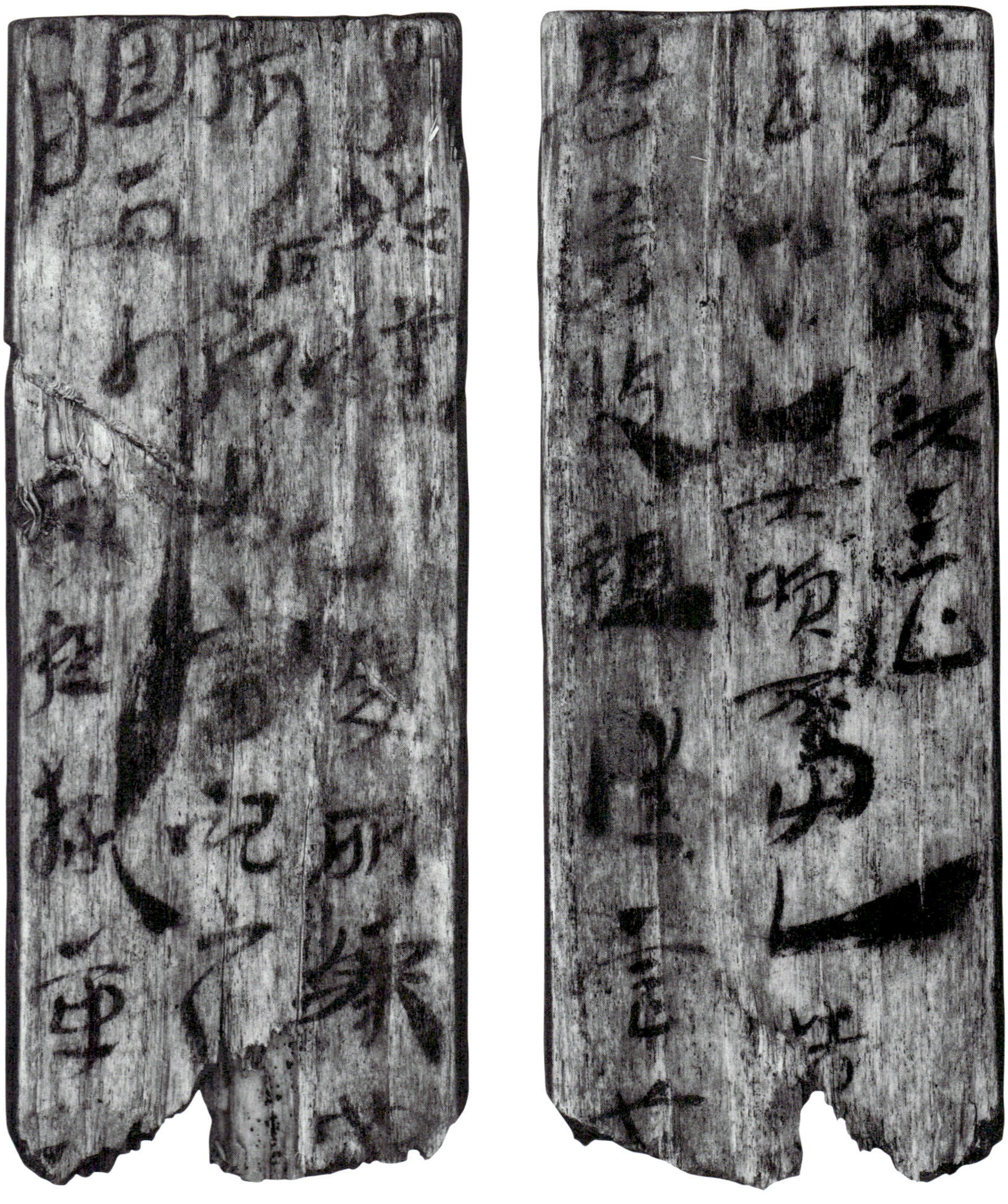

李子歲叩頭言。

徐父坐（座）前，頃去以來，何緩急。前日倉

卒，自知累＝（累累）無已，叩＝頭＝（叩頭叩頭）。前去倉卒，【正】

忘尊飯食，謹因往人必令之持，卒無□

□遭。叩＝頭＝（叩頭叩頭）。謝母無以覆恩。【反】

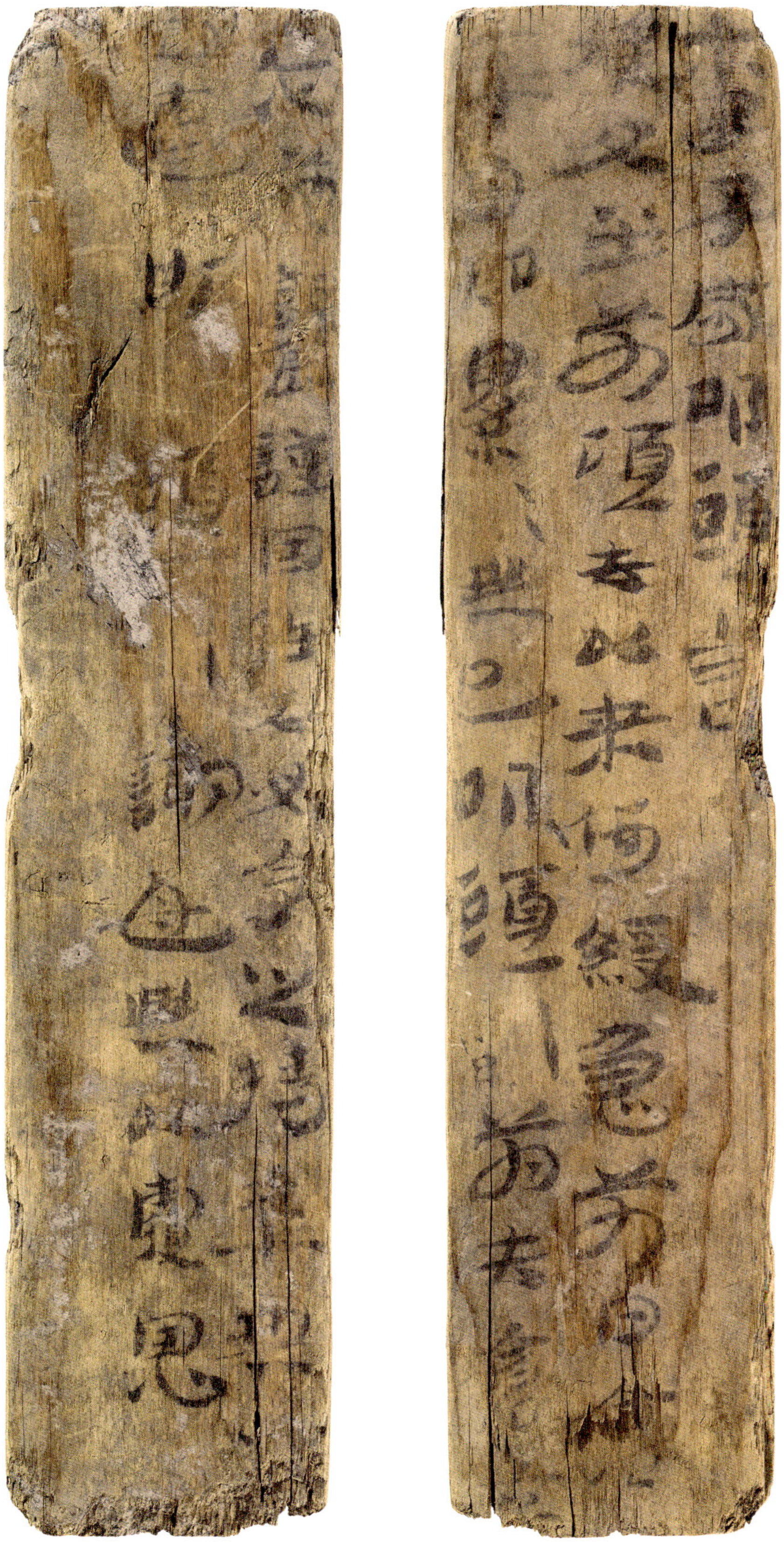

[illegible]叩[illegible]恐叩頭言

惠久坐子方所須臾去以來何緩急惠子方[illegible]

[illegible]十月知如界[illegible]豐已明頭一急子方大[illegible]

禁伏地再拜言。
稚文足下，頃不相見，頫領事善萬年□□□□
賜記甚＝厚＝（甚厚甚厚），數用錢負稚文，毋＝已＝（毋已毋已），宜以時□
……稚文叩＝頭＝（叩頭叩頭）。前日未不□【正】
也，叩＝頭＝（叩頭叩頭），非敢忘猶甚，叩＝頭＝（叩頭叩頭）。願爲□適調衣□
酒食自愛，幸＝甚＝（幸甚幸甚）。謹因吾君侯奉書，伏地
再拜。稚文足下。
□□長史兼叩。　奉。　味□□。【反】

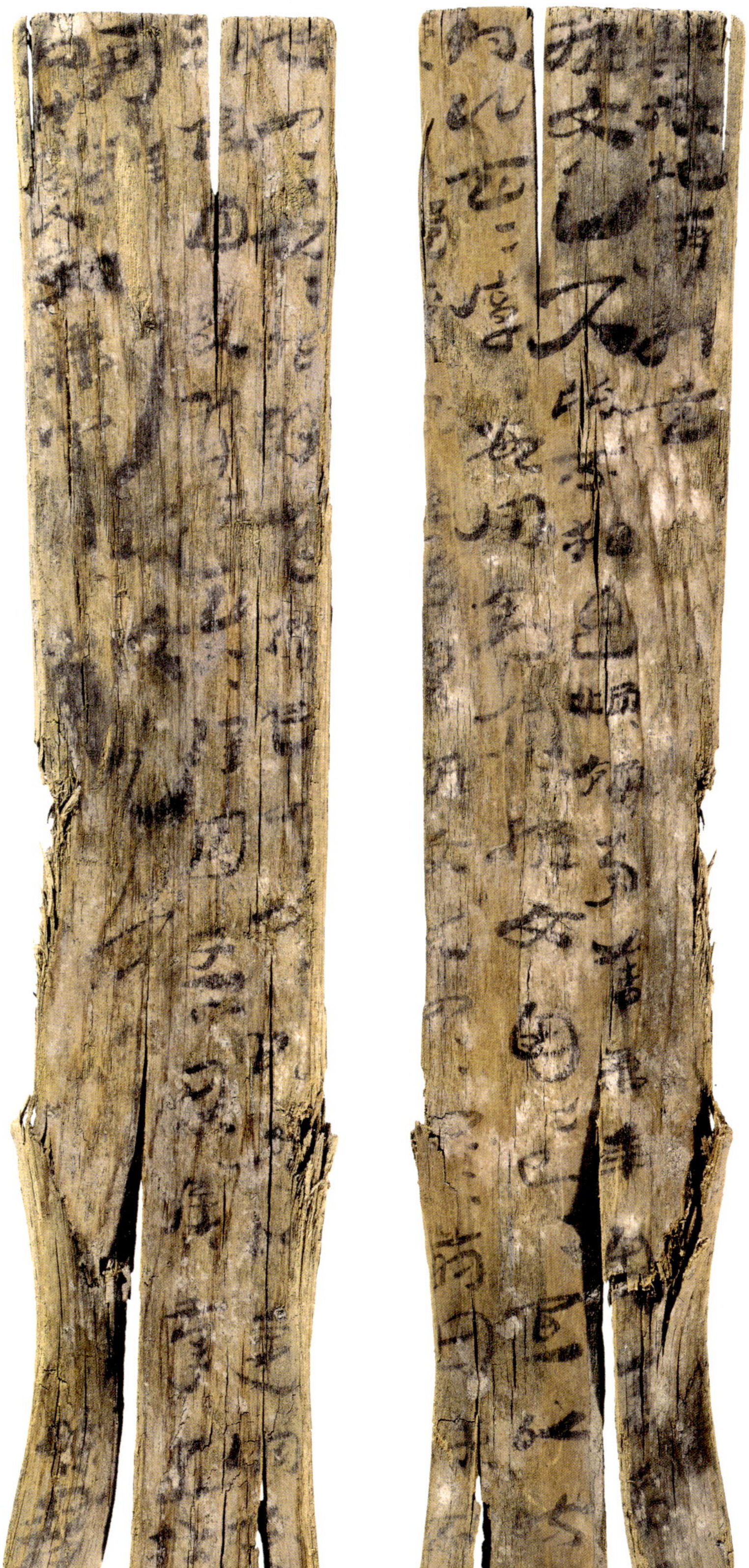

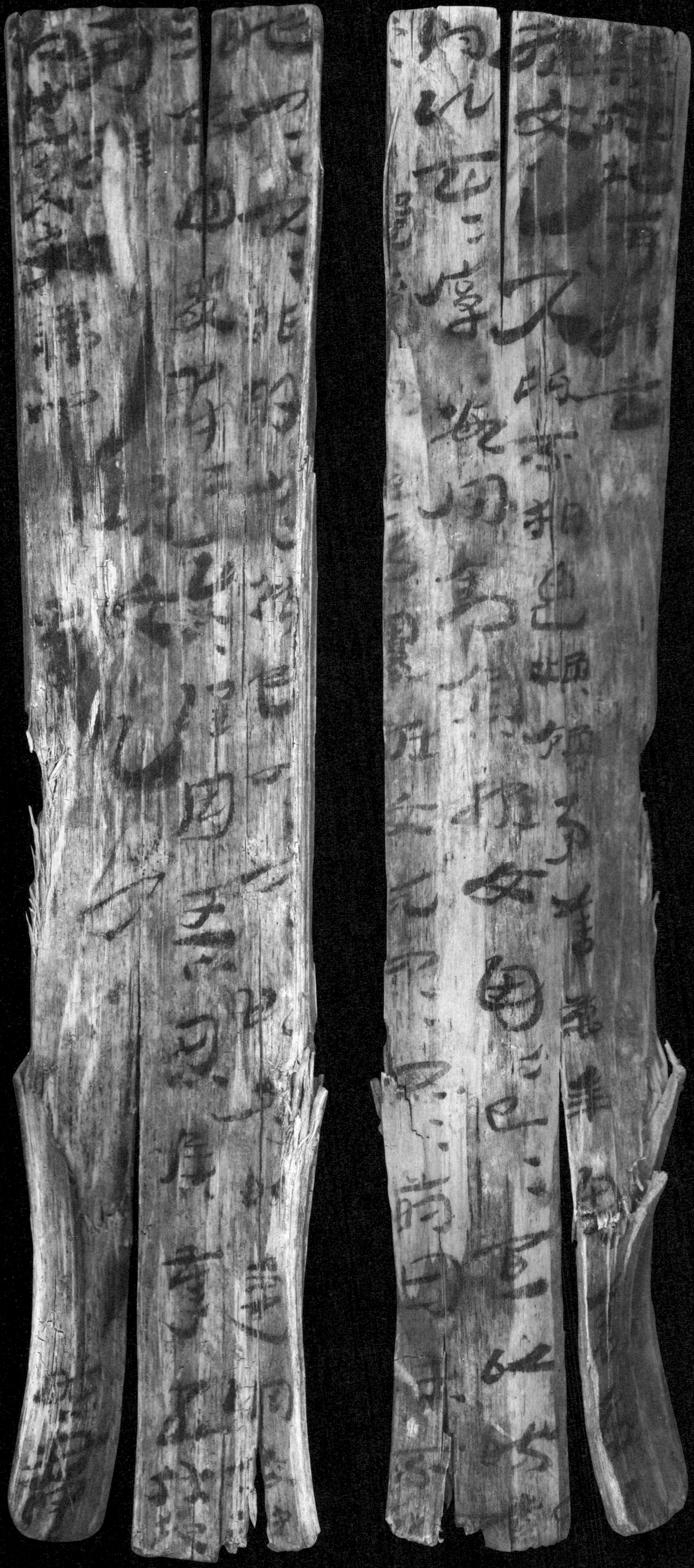

褰伏地再拜請
子孟足下其苦恙毋悉。數以未子上錢負子孟毋已，褰
反至，前伏度未能任衣，死罪。未子上新已喪，日＝（日日）爲
來，未到。今子孟欲急得錢，褰思先爲子孟貸
二百廿五錢，其廿五唯子孟幸爲除之，率人除
一錢，亟不宜食，其人未到，煩因以德。褰叩頭。

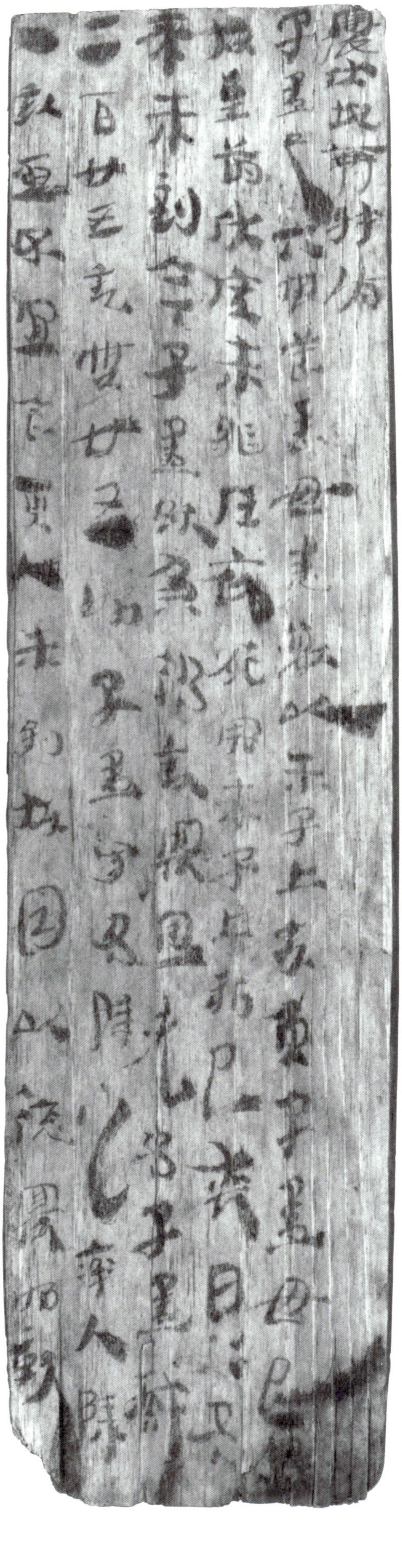

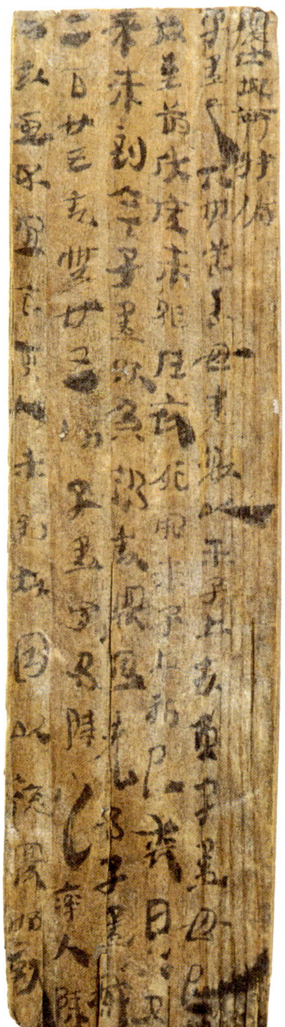

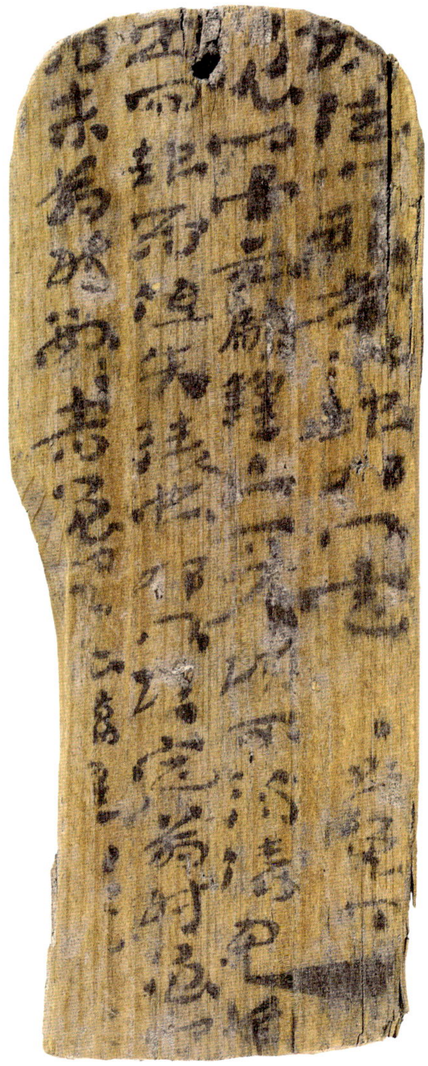

□徒叩頭。孝伏地叩問言・頃須問
須問子元。翳鍾足下，有頃不得侍見。□
書問起居，但失往人也。叩頭叩頭言。前時須問
□未前時數＝（數，數）吉須問……【正】

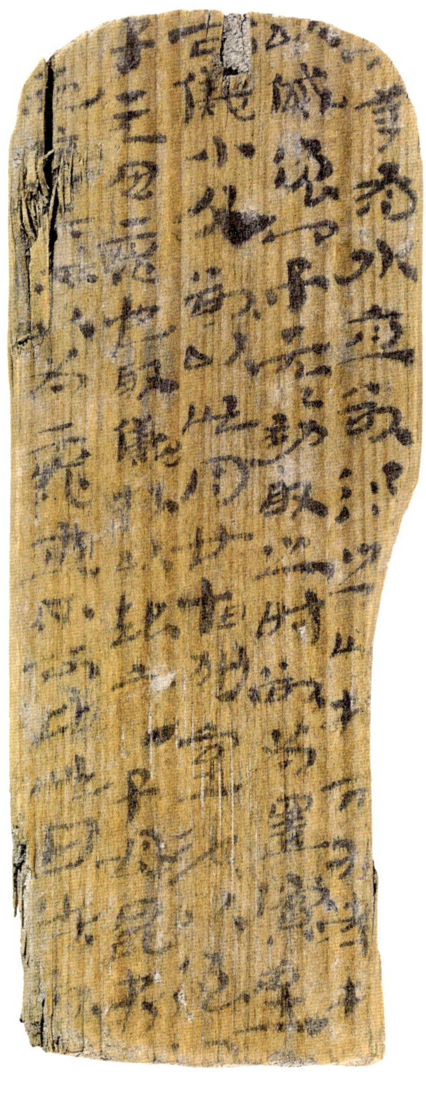
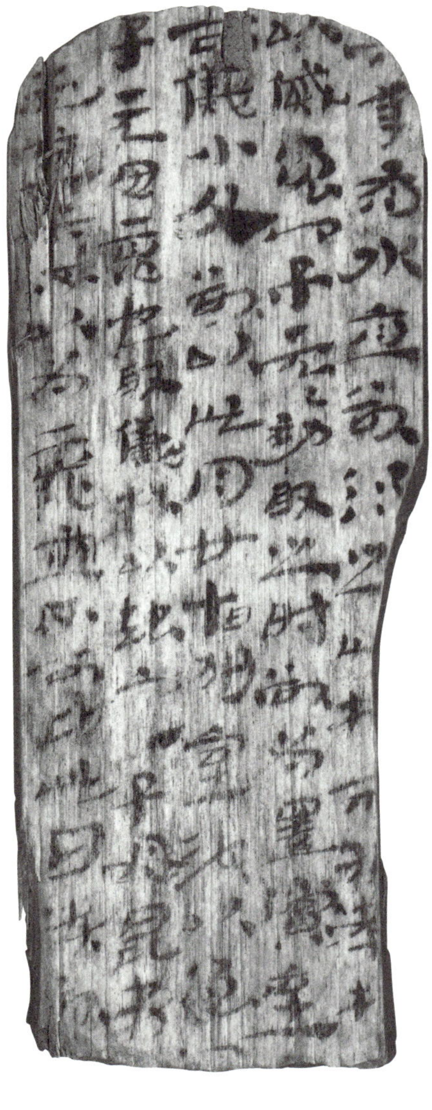

六年，爲水直欲得之□□，可□□□
以貸須問子元＝（元，元）勀取之。時欲爲還償至
可儀小父欲以此月廿七日加室池，以須問
子元毋意也，取儀□以起□子母昆弟。
元□□不以爲意，□□可比。此日諸□。【反】

葛翁尊叩頭言。　謹叩。
□家足下，頃不相見。良□▨
▨□不。朱慈弟以宛之□▨
▨……【正】

▨……
□□失之□□頃□飯近▨
□問夫人，問意未必□▨
□家足下。夫人之□乃不相見。
與前示□▨【反】

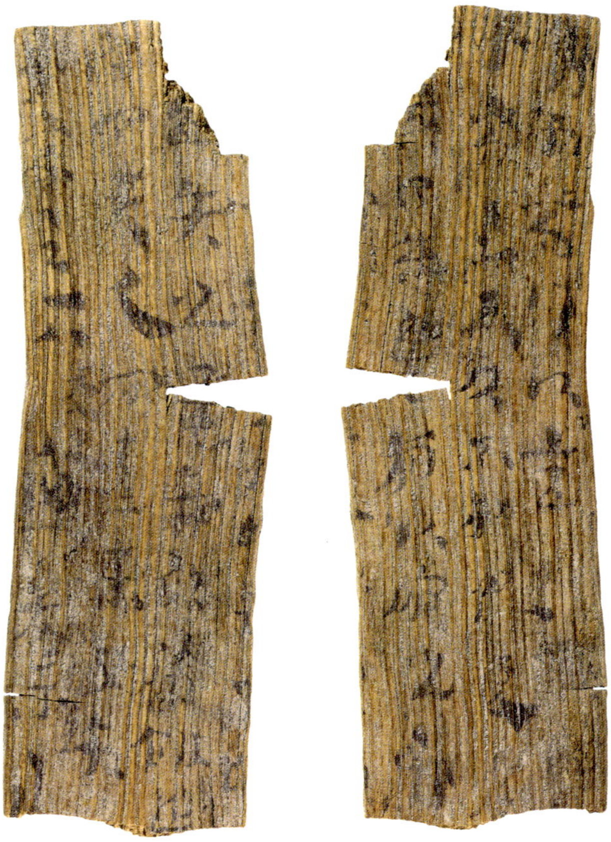

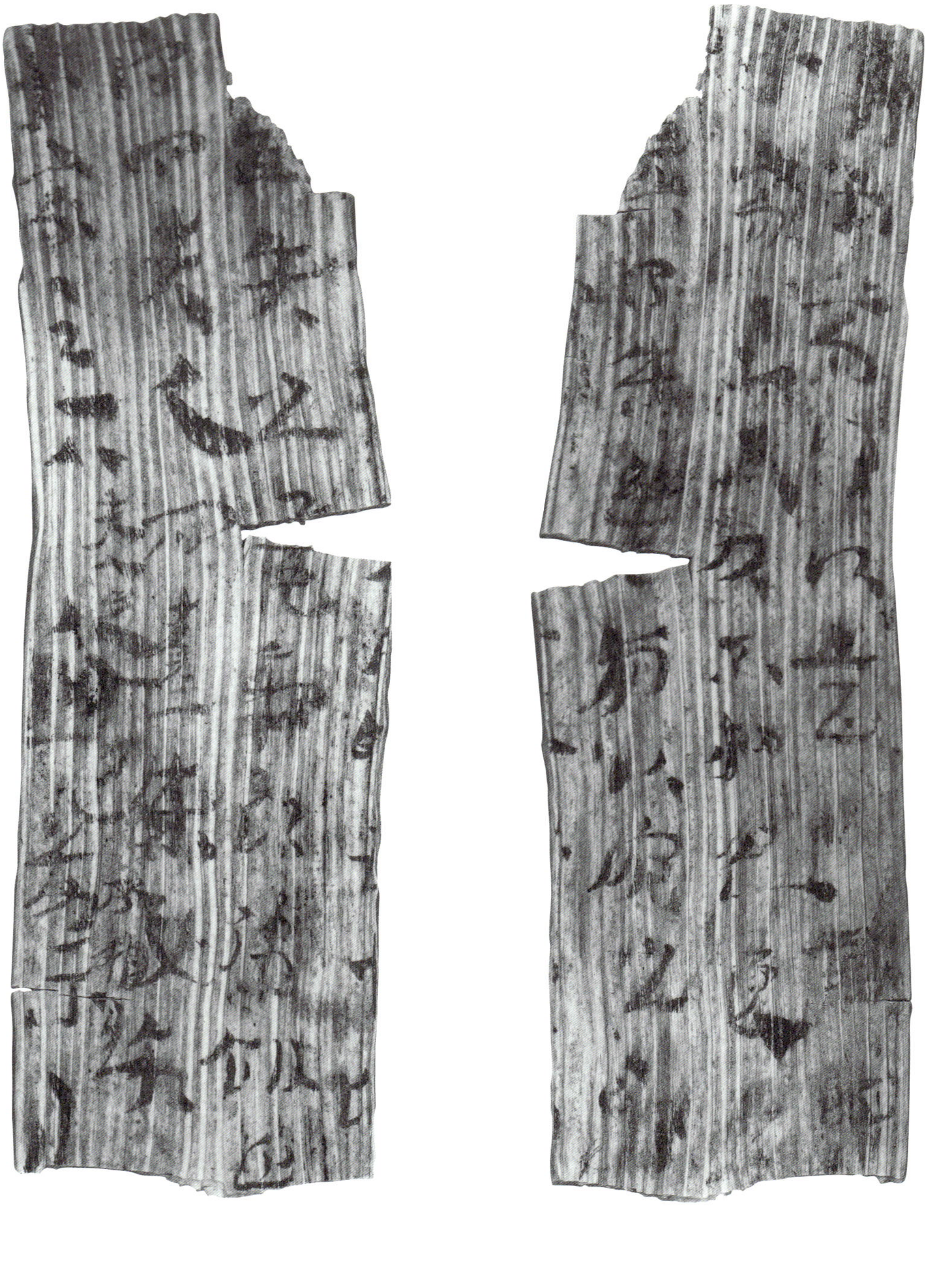

☑□盱叩頭言。　使之彖　言之可强☑

大□□□痛羈自親☑【正】

☑決前從采高朝往□，前日☑

☑還，足下預以於乎？言之乎？盱叩☑【反】

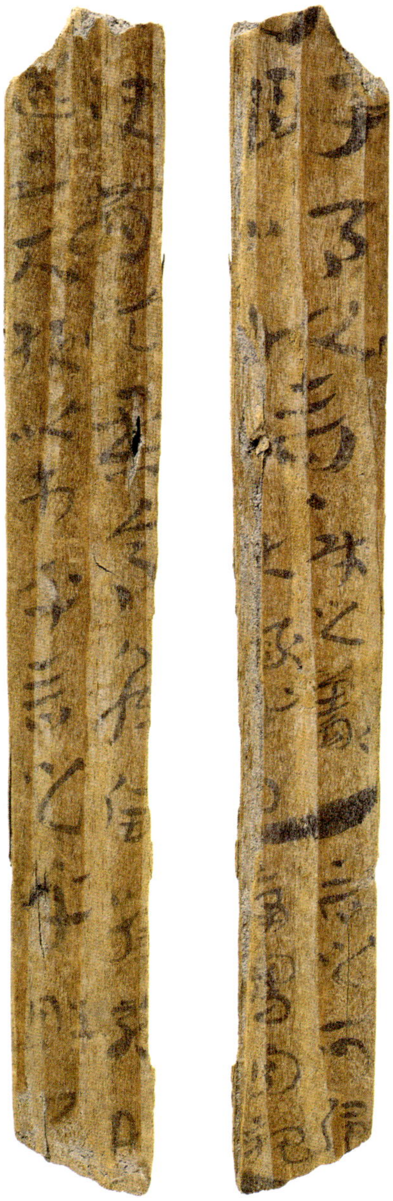

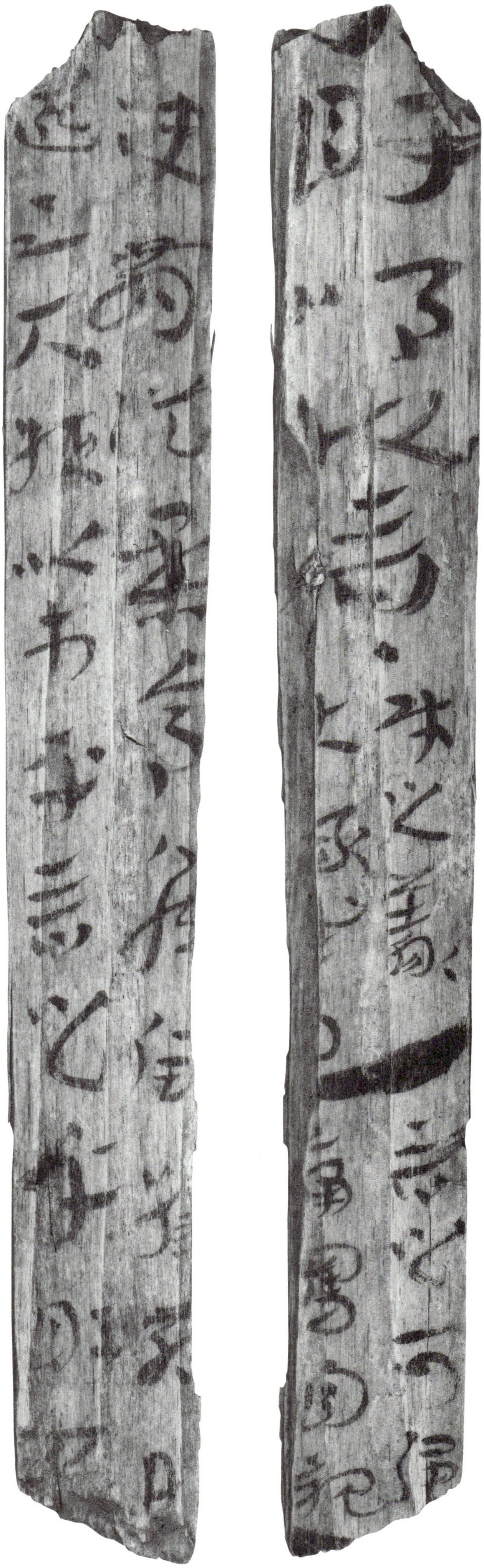

〼爲類將盡＝（盡，盡）壽鶩孔，□〼
〼□冷□□已＝（已已）。今累無〼【正】
〼□□安□在，累＝（累累）相與〼
〼於池□甚也八九，怒（努）力□〼【反】

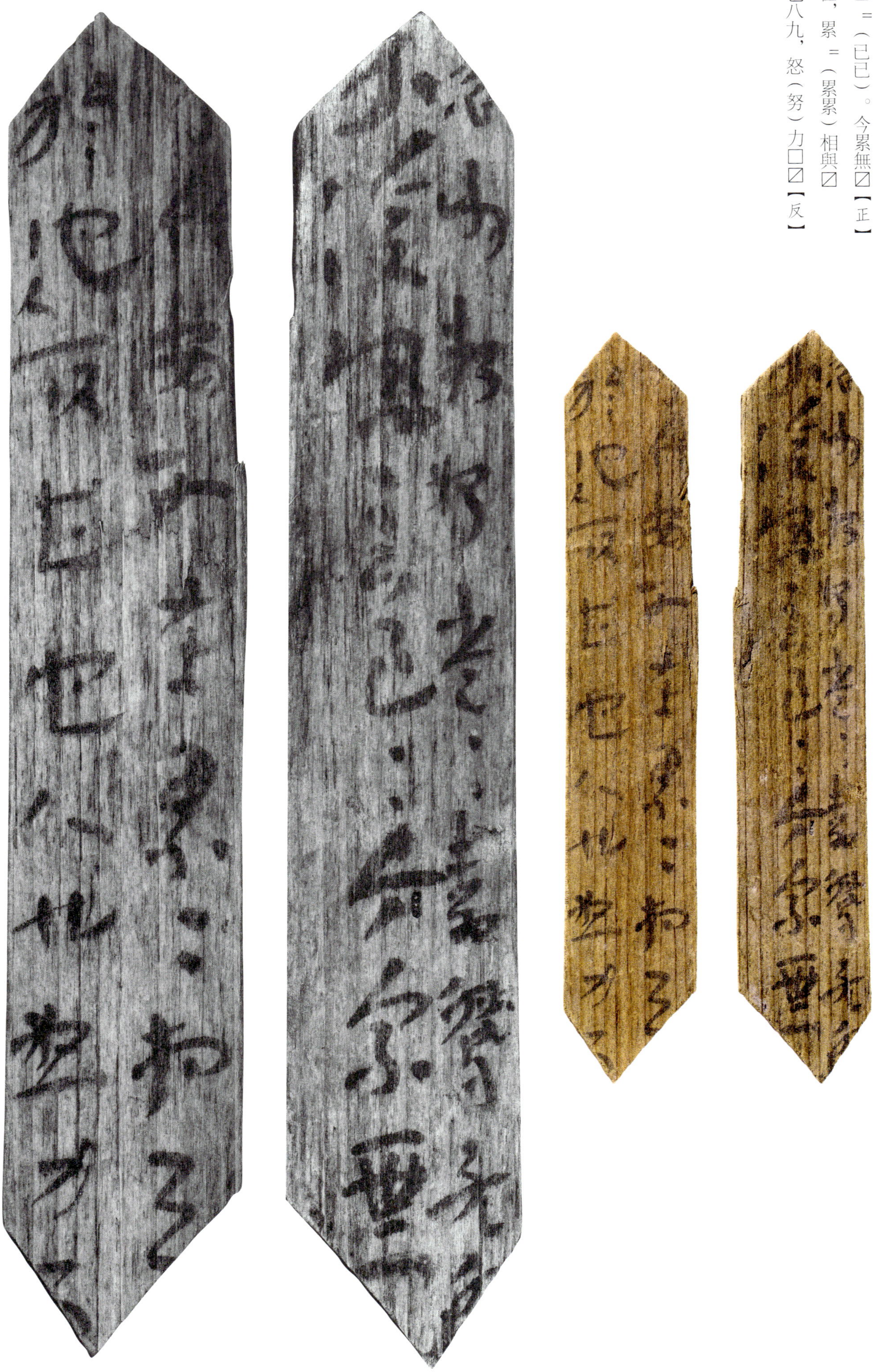

【朱書道符】

……氏作，牢。